Pierre GRINGORE

RONDEAUX

CONTENANT

LA CONFESSION D'UN AMOUREUX

TOVJOVRS AVANT

CAEN

TYPOGRAPHIE-LITHOGRAPHIE CH. VALIN

7 ET 9, RUE AU CANU

1894

RONDEAUX

CONTENANT

LA CONFESSION D'UN AMOUREUX

Tiré à cinquante exemplaires

Pierre GRINGORE

RONDEAUX

CONTENANT

LA CONFESSION D'UN AMOUREUX

CAEN

TYPOGRAPHIE-LITHOGRAPHIE. CH. VALIN

7 ET 9, RUE AU CANU

1893

RONDEAUX

CONTENANT

LA CONFESSION D'UN AMOUREUX

———♦♦♦———

Nous ne savons si, à quelque jour, sa ville
natale élèvera une statue au poète Gringore,
qui selon toute probabilité, comme Malherbe,
vit le jour à Caen, dans cette rue que l'on ap-
pelle aujourd'hui la rue de l'*Odon*, et qui alors
se nommait la rue *Vidiou*. Nous n'avons pas
à rechercher ici l'étymologie de ce nom *Vidiou*,
ni les circonstances dans lesquelles s'est opéré
le changement de désignation. Mais nous
avons pensé qu'à défaut de statue, le moyen
le plus efficace de revendiquer pour la ville

de Caen (1) ce poëte, qui eut son heure
de célébrité à la fin du moyen âge, était d'é—
diter au lieu de sa naissance l'œuvre, sinon

---

(1) Quelques biographes ont fait naître, et cela sans preu-
ves, le poète Gringore en Lorraine, parce qu'il fut le
héraut d'armes du duc de Lorraine; mais MM. de Rothschild,
de Montaiglon, l'abbé de la Rue n'ont pas hésité, dans leurs
ouvrages, à proclamer hautement l'origine normande de
Pierre Gringore. Dans ses *Essais historiques sur les Bardes,
Jongleurs et les Trouvères*, M. l'abbé de la Rue établit cette
origine d'une façon péremptoire. Il n'y a donc pas lieu d'y
revenir. Nous ferons seulement remarquer que la présence
du poëte Gringore à la cour de Lorraine peut s'expliquer
très naturellement; car il y avait une alliance d'un duc de
Lorraine dans la maison d'Harcourt: les d'Harcourt avaient
une grande situation en Normandie, et ils étaient alliés à cette
famille de Ferrières dont avaient toujours été vassaux les
auteurs du poëte Gringore.

Ainsi René, duc de Lorraine et de Bar, le père d'Antoine,
dont Gringore devait être un jour le héraut d'armes, avait
épousé en premières noces Jeanne d'Harcourt, comtesse de
Tancarville. Le duc, il est vrai, la répudia après huit années
de mariage pour épouser Philippes de Gueldres, dont il eut
ledit Antoine, né en l'année 1489. Toutefois cette Jeanne
d'Harcourt avait des liens de parenté avec les Sires de Ferrières, un Jean de Ferrières, baron de Thury, ayant épousé
Damoiselle Marguerite d'Harcourt. Or, comme le fait remarquer très judicieusement M. l'abbé de la Rue, « *les ancêtres
« du Poète avaient toujours été attachés à la maison des
« Seigneurs de Thury* [Harcourt] ». Pendant le court séjour
qu'elle fit dans le duché de Lorraine, Jeanne d'Harcourt ne
fut pas sans y appeler quelques sujets de son pays. Ceux-ci,
une fois à la cour du duc, ne crurent pas devoir renoncer,

la plus remarquable de l'auteur des *Folles
Entreprises* et de petits chefs-d'œuvre connus
sous le nom de *Farce* et *Sotie*, du moins
celle dont la lecture ne laisse pas encore
aujourd'hui d'être quelque peu séduisante
pour l'Antiquaire et le Philologue. Car ces
poésies, composées il y aura bientôt quatre
siècles, sont pleines de fraîcheur et de jeunesse. Que dis-je ! Elles resteront éternelle-
ment fraîches et jeunes, comme tout ce qui
est la peinture du cœur humain, avec ses
aspirations, ses énamourements et ses déses-
pérances ; nous avons nommé les Rondeaux
d'amour de Pierre Gringore, et, si nous ne
craignions pas de nous servir d'une expression
par trop moderne, nous dirions que ce sont
assurément les poésies les plus intensives du
célèbre poète caennais : la flamme y côtoie

---

après la rupture conjugale, à la situation qui leur avait été
faite, et ne laissèrent pas d'entretenir des relations en Normandie, notamment avec les vassaux du comte de Tancarville et du Sire de Ferrières. C'est sans doute à cette circons-
tance que Gringore dut de faire le voyage de Lorraine dès son
jeune âge et d'être présenté à la cour, d'autant que la poésie
y était fort en honneur.

le désespoir ; à peu d'exceptions près, elles sont toutes d'une jolie inspiration. Quelques-unes spécialement sont vraiment accortes et charmantes ; nous citerons entre autres celles intitulées : « *Allez ma pensee en messaige* », « *Baiser vous doy* », « *En cruvechef me sembles* « *si tres belle* » ; et ce Rondeau où, dans un élan du cœur, l'amant déclare qu'il n'existe pas de beauté au monde qui puisse égaler « *sa tant bonne Maitresse* » est bien venu. Les vers de la fin débordent d'indignation :

> « *Si quelque fol coquart ou glorieulx*
> « *De sa Dame me loue les doulx yeulx*
> « *Disant que c'est la plus belle deesse*
> « *Qui oncques fut par despit ou rudesse*
> « *Je luy respondz taisez vous ennuyeulx*
> « *Je dy que non.* »

O déception amère ! notre amoureux croit s'apercevoir que la belle en qui il a mis toutes ses pensées a donné sa foi à un autre ; en conséquence, il se voit dans l'obligation de prendre « *ung congie gracieulx* », et alors il n'a que « *deuil et ennuy* ».

Là où le roman se complique, c'est lorsque la soi-disant promise acquiert la certitude qu'elle est délaissée, et que celui auquel elle a accordé ses faveurs porte les couleurs d'une autre Dame ; tandis que l'infortuné pour lequel elle s'est montrée d'humeur hautaine, et pour lequel elle n'a eu que du dédain, se lamente et s'écrie :

« *Et tout par faulte d'avoir gaigne promesse*
« *De votre bouche sur comme la Messe.* »

Et il complète le récit qu'il fait de sa triste situation par ce détail navrant :

« *Jen maigris si fort que mon pourpoint*
« *Est eslargy ce me semble d'un point.* »

Alors le désespoir du malheureux soupirant arrive à son comble, et, dans son délire, il s'exclame et dit :

« *Mon amour nest ligere ne commune*
« *Jauroys par Dieu plutot menge la lune*
« *Que luy faire tant soit peu de deffault.* »

Et, plus loin, recouvrant un peu de calme
et de sérénité, il dit tendrement :

« *De vous seul jay ayme lacointance*
« *Depuis le temps de votre jeune enfance.* »

Le poëte devient tout à fait réaliste dans le
propos qu'il met dans la bouche de son
désespéré :

« *Quen tous endroys ou que vous soyez mise*
« *Soit nue, vestue, en quot ou en chemise*
« *Quil nest femme vivante qui vous vaille.* »

Mais le désespoir de l'infortuné amant
redevient d'une intensité plus dévorante, et le
poëte se sert d'une image vraiment saisissante
pour rendre cet état :

« . . . . *jasorte*
« *Au sepulcre quon voit devant ses yeulx*
« *Dehors dore et pare en tous lieux*
« *Mais audedans est la personne morte.* »

On croirait que tout ce petit roman finit
là ? Eh bien, point ! Après des alternatives
qu'il serait trop long de relater ici, la femme

délaissée pour la » *tant bonne Maitresse* »,
sans rancune adresse à celui qui partagea
son existence une supplique des plus tou-
chantes, en priant l'infidèle de ne pas déserter
plus longtemps le foyer domestique et de
reprendre la vie commune, et, presque certaine
du succès de sa requête, elle lui dit d'une
voix caressante :

« *Pour ce viens donc et plus si ne sejourne*
« *Le temps sen va qui jamais ne retourne*
« *Helas amy croys moy et si tavance*
    « *De revenir.* »

Ne croirait-on pas, après ce dénoûment,
avoir lu un roman vécu presque de nos jours ?
Et cependant, comme nous l'avons fait remarquer en commençant, il y aura bientôt quatre
siècles que ces passions battirent leur plein.

Nous publions ces Rondeaux, qui sont au
nombre de CXXII, d'après un manuscrit sur
peau de vélin que nous avons eu la bonne
fortune de pouvoir acquérir (1). L'écriture

(1) Bien que le nombre de Rondeaux dans le manuscrit
soit de CXXII, il n'y en a en réalité que CXX, les deux Rondeaux

gothique, qui est belle, et les initiales, finement enluminées or et couleur à la manière de celles des anciens livres d'heures, donnent à penser que ce manuscrit doit être du commencement du XVIe siècle. Il y a de fortes présomptions pour qu'il soit celui de l'auteur même des Rondeaux, Pierre Gringore. Et, en effet, quoi d'étonnant que le héraut d'armes du duc de Lorraine (1) ait tenu à ce que ses Rondeaux d'amour fussent calligraphiés par une main habile ? Car, à coup sûr, le souvenir de ses poésies et celui de la personne qui les avait inspirées ne laissaient pas de lui être chers.

LXVII et LXVIII étant la répétition des Rondeaux XVII et LXVI.

(1) Les lettres patentes qui conféraient à Pierre Gringore le titre de Hérault d'armes sous le nom de Vaudemont sont du 5 avril 1518. Le poëte y est qualifié de : « *expert et compo-* « *siteur de livres, moralités, dictiers notables en rimes* ». Ces lettres lui furent octroyées quelque temps après son mariage avec une nommée Catherine Roger.

D'après une note relevée sur le registre de la paroisse de Saint-Jean-en-Grève à Paris, ce mariage aurait eu lieu en l'année 1515.

Parmi ces Rondeaux, soixante-seize ont déjà été imprimés au commencement du XVIe siècle, c'est-à-dire du vivant de Pierre Gringore, qui mourut en 1533 ou 1539. L'ouvrage, sans nom d'auteur, mais attribué d'un commun accord par les bibliographes au poète Gringore, comprend deux séries de Rondeaux. Dans notre édition, la première série porte ce titre :

« *Sensuyvent les troys cens cinquante Ron-*
« *deaulx moult singuliers à tous propos nou-*
« *vellement imprimes.* »
« On les vend à Lyon cheulx Olivier Arnoullet. »

La seconde série se compose de cent trois Rondeaux ; elle est est intitulée :

« *Rondeaulx contenens plusieurs menus*
« *propos que deux vrays amans ont eu nague-*
« *res ensemble, depuis le commencement de*
« *leur amour jusques a la mort de la Dame*
« . . . . »

Et sur le verso du dernier feuillet on lit:

« *Imprime nouvellement a Lyon sur le Rosne*
« *par Olivier Arnoullet et furent achevez le*
« *3 de Décembre 1533.* » (1)

Cette seconde série de Rondeaux, entière-
ment différente de la première, a déjà été
publiée en 1863 par Edwin Tross, d'après un
manuscrit qui lui était tombé entre les mains.
Si l'on en juge par le fac-similé reproduit en
tête du volume, ce manuscrit paraît postérieur
de plusieurs années à celui d'après lequel nous
faisons cette publication. Dans l'un comme
dans l'autre, il y a lieu de faire certaines ob-
servations. Ainsi, si l'on compare le texte

_____

(1) L'exemplaire qu'on a eu l'obligeance de nous commu-
niquer à la Bibliothèque nationale comprend également les
deux séries de Rondeaux; il porte ce titre : « *Rondeaulx en*
« *nombre troys cens cinquante singuliers e a tous propos*
« *nouvellement imprimes a Paris pour Jehan Sainct Denis*
« *lybraire demeurant en la rue Neufve Nostre Dame a l'en-*
« *seigne St Nycolas.* »
C'est l'exemplaire de Mgr Huet, évêque d'Avranches.

publié par Arnoullet avec celui de chaque
manuscrit, on ne tarde pas à s'apercevoir que
l'orthographe des mots a subi parfois quelque
correction ; on remarque en second lieu que,
seul, l'auteur de ces Rondeaux a pu apporter
à l'œuvre poétique des modifications aussi
importantes. Enfin, dans l'élégant petit volume publié par Edwin Tross, il n'y a que deux
Rondeaux que Gringore n'a pas jugé à propos de publier (1) ; tandis que, dans notre manuscrit, le nombre de Rondeaux inédits est de
quarante-six. La conclusion à tirer est que le
poète avait fait calligraphier ces deux suites de
Rondeaux avant de songer à les livrer à l'impression, et que, pour des raisons que nous
allons essayer d'exposer dans ce qui va suivre,
la première série avait été modifiée de fond
en comble.

Dans notre manuscrit, comme dans la
série des CIII Rondeaux de la seconde partie

---

(1) Le couple de Rondeaux, « la Dame et l'Homme », qui
se trouve en plus dans le manuscrit d'Edwin Tross est
intercalé entre les Rondeaux LXVII et LXVIII de la seconde
série de l'édition d'Olivier Arnoullet. — Lyon 1533.

de l'ouvrage publié par Arnoullet en 1533 ou
des CV Rondeaux réimprimés par Edwin
Tross en 1863, chaque petit poème se succède
de telle sorte que l'on peut suivre un certain
enchaînement d'idées, comme si leur réunion
devait retracer une suite de situations auprès
de la personne aimée ; tandis que dans la série
des « *troys cens cinquante* Rondeaulx » que
nous venons de citer, imprimée au XVIe
siècle, ces diverses petites pièces sont dissé-
minées pêle-mêle et sans ordre, et se trouvent
en quelque sorte confondues au milieu des
deux cent soixante-quatorze autres, comme
si l'on eût tenu à ce qu'on ne pût suivre l'enchaînement exprimé dans le manuscrit.Enfin,
nous le répétons, parmi ces CXXII Rondeaux
de notre manuscrit, il en existe XLVI tout à
fait inédits. Si on les compare avec les
LXXVI autres, on demeure convaincu que la
plupart doivent être précisément ceux qui
avaient été adressés directement à la Dame
de beauté objet des pensées du poète, et que,
pour ce motif, celui-ci avait tenu à les garder
secrets et ne les avait pas mis dans le domaine
public. Et peut-être aussi y avait-il une

arrière-pensée, qui certes avait son poids dans
cette détermination. C'est que cette suite de
poésies sous forme de Rondeaux, témoignait
que leur auteur avait tant soit peu failli à la
devise qu'il s'était imposée, devise si em-
preinte des marques de la sagesse, qu'on eût
pu dire que c'était la raison à la troisième
puissance :

Tout par raison
Raison par tout
Partout raison.

Quoi qu'il en soit, nous osons espérer que
le Lecteur, s'il ne reste pas comme nous
convaincu qu'il a sous les yeux la confession
même du Poète, n'en éprouvera pas moins
quelque charme à lire ces Rondeaux, choisis
entre tous, et dont quelques-uns sont tout à
fait inédits.

Comte A. de BLANGY.

Juvigny, 3 février 1893.

OBSERVATION

L'orthographe du manuscrit a été scrupu-
leusement conservée. Nous avons mis en note,
au bas de chacun des Rondeaux, les moindres
changements apportés dans leur composition,
lors de leur impression au XVI⁰ siècle, parmi
les « Troys cens cinquante Rondeaulx moult
singuliers, a tous propos . . . . . . ». Ceux-ci
sont désignés par l'abréviation *350 R.*

I [1].

Du depuis le [2]
De celle en qui mon pensement
Est en quelque lieu que soye
Ennuy sans cesser me convoye
Dont je vis trop desplaisamment.

Veoir rire me tourne a tourment
Chanter danser pareillement
Enfin je nay ne bien ne joye
   Du depuis
Pour regreter incessamment
Den oster mon entendement
Et loublier je ne seroye
Car rien ne me plaist que je voye
Qui mest ung grief empeschement
   Du depuis.

---

1. Ce Rondeau ne se trouve pas dans les 330 R. — 2. Dans le manuscrit, le mot de
la rime du premier vers a été gratté.

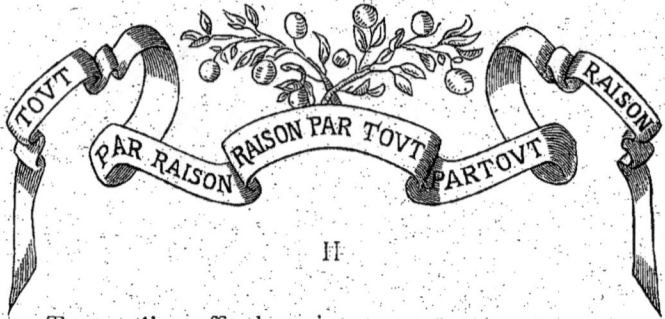

PAR RAISON TOVT RAISON PAR TOVT PARTOVT RAISON

II

Tant quil souffit dune je me contente
Et nay desir vouloir ne autre atente [1]
Se bien men vient de choisir autre Dame
Et qui soit vray je nay corps cueur ny ame
Qua la servir nayent bouté leur entente [2]

Pour ceste heure la raison est parante [3]
Ce espoir a lieu or de rien ne me vente
Mais tant y a quen ce propos suis ferme [4]
       Tant quil souffit
Ce quil ma seure elle est doulce et savante
Sans se monstrer une goute fringante
Jentends fringuer ung tour dabille femme
Si je layme se nest ne sort ne charme [5]
Car de bon cueur de la servir me vante [6]
      Tant quil souffit.

---

3 O R. — 1. vouloir espoir natiente. — 2. nayent mis leur entente. — 3. Pour le present jay raison apparente. — 4. y a que sur toutes je layme. — 5. Dont de laymer je ne puis avoir blasme. — 6. Veu quon la tient en vertus excellente.

PAR RAISON PAR TOVT PARTOVT TOVT RAISON

III

Vous seullement avez sur moy puissance
Et ne fault ja quautre femme savance
De commander jentens en mon endroit[1]
Car par ma Foy sa peine elle perdroit
Je ne sauroys luy faire obeissance

Je suis votre[2] nen ayez deffiance
Et vueil mectre cueur corps sens et chevance[3]
Pour bien servir loyaument et a droit
        Vous seullement
Car je ne quiers[4] prendre ailleurs aliance.
Il me suffit davoir votre acointance
Mais que sans plus me vueillez[5] faire droit
Savez comment traitter il me fauldroit.
Comme celuy qui ayme par oultrance
        Vous seullement.

---

350 R. — 1. a mon endroict. — 2. Vostre je suis. — 3. Et mettre vueil cueur corps et
ma chevance. — 4. Je ne quiers point. — 5. Mais se au surplus me voulez.

TOVT PAR RAISON RAISON PAR TOVT PARTOVT RAISON

IV

En vous voyant jay liberte perdue
Que par long temps javoys bien deffendue
Contre toutes[1] et sceu contregarder
Mais endroit vous je nay peu retarder
Quentre vos mains mon cueur ne lait rendue[2]

Quant par mes yeux vous feustes apperceue
Ma voulente feust si trestost deceue
Que je devins esclave sans tarder
          En vous voyant
Il est eureux qui ne vous a point veue
Car les graces[3] dont tant estes pourveue
Contraignent ceulx qui vous vont regarder
A vous aymer sans sen savoir garder
Tant ont davis la teste despourveue
          En vous voyant.

---

350 R. — 1. Contre chascune. — 2. Encontre. vous mais mon cueur la rendue. —
3. Car les valeurs.

V.[1]

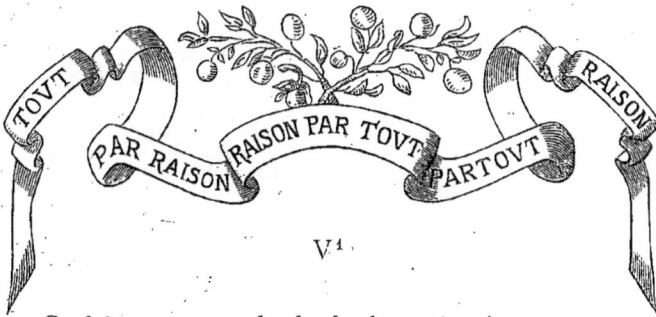

Ce fait ennuy mesle de doubte et craincte
Qui tient mon cueur en jehayne de contraincte
Et le fait vivre en trop aspre douleur
Cest pour une tant plaine de valeur
Qui sans pitie me donne ceste estraincte

Desir lavoit en ma pensee empraincte
Cuidant quil fust damour paree et paincte
Mais rien ne tient dont jay palle couleur
    Ce fait ennuy
Assez de foys luy ay faict ma coplaincte
Mais ma langueur est bien peu delle plaincte
Vela comment les Dames font du leur
Souffrir me fault ceste griesve chaleur
Damoureux feu dont lardeur nest estaincte
    Ce fait ennuy.

---

1. Cé Rondeau ne se trouve pas dans les 350 R.

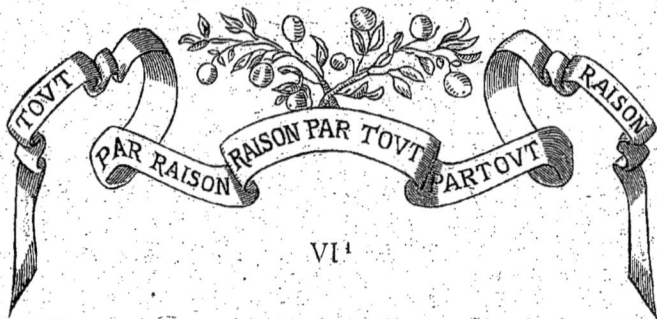

TOVT RAISON PAR RAISON PAR TOVT PARTOVT RAISON

VI[1]

Depuis le jour que mon œuil vous eut veue
De tant de biens et de graces pourveue
Belle et parfaicte ou tout honneur habonde
Mon cueur neust paix ne en riens ne se fonde
Fors a penser vostre grande vallue

Trop feust de sens ma faulte depourveue
Lorsque gecte en si hault lieu ma veue
Car je neuz aise ou Dieu me confonde
    Depuis
Mais je ne tiens ma peine pour perdue
Car je suis seur qua vous seulle est bien deue
Lobeyssance de tous les gens du monde
Il ny a femme premiere ne seconde
Aupres de vous telle vous ay congneue
   Depuis.

---

1. Ce Rondeau ne se trouve pas dans les 350. R.

VII[1]

De celle la et non dautre me chault
Jen ay au cueur desir ardant et chault
Qui me contrainct souvent aller vers elle
Et luy dire tousjours Dieu vous garde belle
Voyez vous point le travail qui ma sault

Elle me dit mon amy que vous fault
S' mal avez de vous vient le deffault
Jamais nen puis avoir autre nouvelle
      De celle la
Quel remedde ma peyne ne my vault
Mon bien celler estre secret et cault
Tousjours me vois bruler a la chandelle
Se plus se monstre envers moy si rebelle
Lacointance du tout quicter me fault
      De celle la.

---

(1) Ce Rondeau ne se trouve pas dans les 330 R.

TOVT PAR RAISON RAISON PAR TOVT PARTOVT RAISON

VIII[1]

Tous les regres qui sur la terre sont
Et les douleurs que hommes et femmes ont
N'est que plaisir envers ceulx que je porte
Me tourmentant de si piteuse sorte
Que mes espris ne scavent plus que font

Craincte plaisir et honneur moteront
Car je le vuiel ilz men emporteront
Venez à moy je vous œuvre la porte
    Tous les regres
Puisque je pers celle par qui seront
En moy sans fin leur demeure ilz feront
Amour le veult et ainsi le menorte
Et que de sens et raison me depporte
Conclusion ilz me demeureront
    Tous les regres

---

1. Ce Rondeau ne se trouve pas dans les 350 R

IX [1]

Allez ma pensee en messaige
Devers la meilleure et plus saige
A qui jamais jeuz acointance
Et luy comptez bien en sustance
Tout mon cas en votre langaige

Asseurez la quelle a bon gaige
Car mon cueur tient en son servaige
Soubz la main de longue esperance
   Allez ma pensee
Foy loyaulte service hommaige
Luy presentes et davantaige
Mon corps pour mectre a sa plaisance
Contre tous les hommes de France
Se nul luy vouloit faire oultraige
   Allez ma pensee

---

1 Ce Rondeau ne se trouve pas dans les 350 R.

TOVT PAR RAISON RAISON PAR TOVT PARTOVT RAISON

X

La non ailleurs secretement demeure
Mon pouvre cueur qui a peine [1] labeure
Tout a part soy sans que nul le conforte
Des grans douleurs quil soustient et quil porte
En actendant que pitie le sequeure [2]

Et se tiendra jusques a ce quil meure
En ce propos tousjours actendant lheure
Que bon vouloir sa loyaulte rapporte
        La [3]
Car pitie veult que je lamente et pleure
Et qua par moy se mal secret saveure
Dont raison veult que de ce me depporte
Mais bon vouloir me contrainct et enorte
Que sans muer ma promesse soit seure.
        La [4].

---

350 R — 1. qui en peine. — 2. me sequeure. — 3 et 4. La non ailleurs.

XI

Qui myeulx ne peut il est bien a son aise
Qui tient sa Dame et la colle et la baise
Jeune en bon point belle bonne et saige[1]
Beau tainct et neuf et gente de corsage[2]
Que luy fault il mectz qui[3] ne vous deplaise

Sil est cource son alaine lapaise
Tost le secourt et mect hors de malaise
Et tout cela prent a son avantaige
    Qui myeulx ne peut
Au monde riens ne voit qui tant[4] luy plaise
Eureux se tient mais que bien luy complaise
Son cueur luy baille et donne pour[5] hostaige
Jusqua la mort n'a point de meilleur gaige
Mais de son nom cest force quil se taise
    Qui myeulx ne peut   —

3.0 R. — 1 tres belle bonne et saige. — 2. de corps saige. — 3 mais quil. — 4. que tant.
— 5. Son cueur luy donne et luy baille en.

PAR RAISON RAISON PAR TOVT PARTOVT TOVT RAISON

XII

Faisant souhetz parez de joye estaincte
Du mouvement dastinence contraincte
Qui nuys et jours augmentent[1] mon desir
Il me convient tout à part moy gesir
Au lit de pleurs ou mon cueur fait sa plaincte

Savons a qui a vous quil voyt[2] empraincte
Devant mes yeulx et si pres au vif paincte
Quil sen leve pour vous cuider[3] saisir
      Faisant souhetz
Mais floible espoir qui le nourrit soubz craincte
Ne le laisse[4] venir à son acteinte
Ains le blasme[5] de si tres hault choisir
Par ainsi croist mon dolant deplaisir
Et vis sans sens comme personne faincte
      Faisant souhetz.

---

330 R. — 1. nuict et jour augmente. — 2. a vous voy que. — 3. sen relieve en vous cuidant. — 4. Ne luy permet. — 5. le reprent.

XIII

En si bon lieu a aymer me suis pris
Que je nen puis[1] de nul estre repris
Car je veulx[2] bien que tout le monde sache
Quen ma Dame na ne bife[3] ne tache
Dont on luy peust reprocher nul mespris

Tous biens parfaictz sont en elle compris
Son doulx parler est si tres bien apris
Quaupres delle[4] jamais on ne se fasche
      En si bon lieu
Je nay pas peur destre dautre surpris
Car ceste cy[5] me tient lie et pris
Savez comment a deux beaulx doys datache
Aussi vrayement on me tiendroit pour lasche
Se nachevoye ce que jay entrepris
      En si bon lieu

---

330 R. — 1. Je ne puis. — 2. je vueil. — 3. Que ma maistresse est sans vice. — 4. Quen lesécoutant. — 5. ceste la.

XIV

Baiser vous doy par raison pieds et mains
Et la bouche aussi[1] ne plus ne moins
En vous faisant honneur foy et hommaige
Comme a la plus belle[2] bonne et saige
Qui[3] oncques fut entre tous les humains

Premier les pieds de grans dignites plains
Vous adorant ainsi quon fait les Saincts
Pour ce qu estes tres[4] divin personnaige
　　　Baiser vous doy
Les mains aussi montrant que je vous crains
Comme Dame[5] ou sont tous bien hautains
Et que sers de cueur et de[6] couraige
Puis la bouche[7] mest deue davantaige
Comme amoureux qui seuffre des[8] maulx mains
　　　Baiser vous doy.

---

330 R. — 1. La bouche aussi certes. — 2. plus tant belle. — 3. Que. — 4. Comme ung
parfaict et. — 5. Comme la Dame. — 6. Et que je sers de cueur, corps et. — 7. La
bouche apres. — 8. qua eu pour vous.

PAR RAISON RAISON PAR TOVT PARTOVT TOVT RAISON

XV

De vous sans fin tousjours me souviendra
Et sans changer en ce lieu[1] se tiendra
Mon pouvre cueur sans querir[2] autre place
Car il congnoist[3] que votre bonté passe
Toutes autres[4] et si le maintiendra

Autre que vous jamais nentretiendra
Et en ce fait si bien se contiendra[5]
Que vous direz qui dessert avoir[6] grace
    De vous
Je vous diray ce quil en adviendra
La mort pour vray[7] plustost a luy viendra
Que de son gre ung mauvais tour[8] vous face
Et si quelque ung votre honte pourchasse
Soyes seure que l'honneur[9] soustiendra
    De vous.

---

350 R. — 1. Et quil soit vray pres de vous. — 2. Le cueur que jay sans chercher. —
3. Recongnoissant. — 4. Toutes valleurs. — 5. Car vostre serf si loyal deviendra. —
6. Que le servant y aura bonne. — 7. Certes la mort — 8. Que mauvais tour par mal-
lice. — 9. Tres aprement lhonneur il.

3

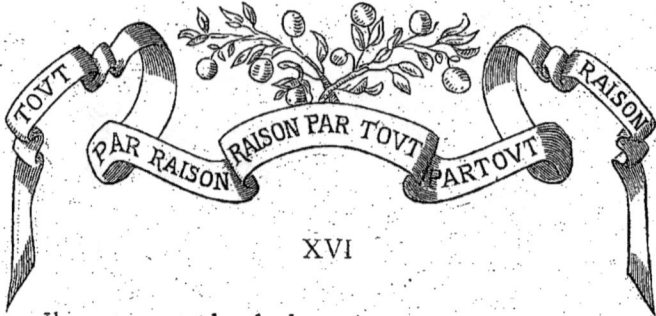

XVI

Ilz ont menty les faulx traitres menteurs
Qui ont este desloyaulx inventeurs
De controuver que jay de vous mesdit [1]
En leur parler nayez [2] foy ne credit
Car se ne sont quaffectes et flateurs.

Ilz ont este leur mesmes les [3] facteurs
Des parolles [4] dont ilz sont rapporteurs
Et puis disent que cest moy qui lay [5] dit
    Ilz ont menty
Ne croyes plus ces mechans caqueteurs
Qui vous disent quilz sont voz [6] serviteurs
Il nen nest rien je soye de Dieu mauldit [7]
S'ilz oseroient men avoir contredit
Et fussent ilz cent foys plus grans venteurs [8]
    Ilz ont menty.

---

330 R. — 1. mal dit. — 2. ny a. — 3. Eulx mesmes ont este propres. — 4. Des villains maulx. — 5. Et vont disant que cest moy qui la. — 6. Qui font semblant destre bons. — 7. de Dieu sois je mauldit. — 8. grans diseurs.

XVII

Pour acomplir le vouloir de mon cueur
Je me suis mis a estre serviteur
Dune de qui jatendoye avoir grace
Mais je voy bien qui faut[1] que je me passe
De ce de quoy je cuidoye estre seur

Se fortune meust voulu donner[2] lheur
Quil[3] luy eust pleu me faire tant dhonneur
De moy aymer plus quautre je laymasse
   Pour acomplir
Mais de ce coup ne fault que jaye[4] peur
Et me semble que cest trop le meilleur[5]
Veu le tant peu de bien que je y amasse
Quil[6] vauldroit mieulx que je me reposasse
Sans plus avant pourchasser mon malheur[7]
   Pour acomplir.

---

350 R. — 1. qu'il fault. — 2. Se de fortune en ce peux avoir. — 3. Qui. — 4. ne me ault avoir. — 5 Et mest advis que cest trop mon malheur. — 6. Il. — 7. Tout advise cest beaucoup le meilleur.

XVIII[1]

En si hault lieu jay voulu entreprendre
Que jay du mal pour plus de cent cueurs fendre
Et nay espoir davoir nul reconfort
De celle la qui me donne la mort
Sans nul forfect dont len me peust reprendre

Helas amours que ne fais tu deffendre
Au pouvre cueur qui se vint a toy rendre
Quil se gardast de se mectre si fort
      En si hault lieu
Or voy je bien que ne puis plus actendre
Nulle mercy car on ne peut comprendre
Le mortel deuil qui le cueur me detort
Et ce jen meurs lon me donrra le tort
Et dira len il fut fol de si prendre
      En si hault lieu.

---

1. Ce Rondeau ne se trouve pas dans les 350

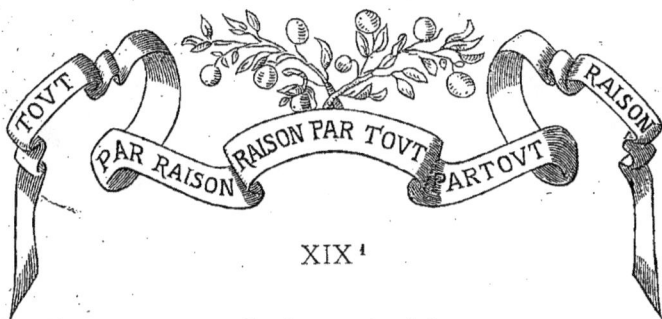

TOVT PAR RAISON RAISON PAR TOVT PARTOVT RAISON

XIX[1]

Il ny a cause nulle de me douloir
Mieulx ne si bien je ne pourroye voloir
Quant est a moy je me tiens tres contente
De tout ennuy je me sens estre exempte
Puisqua mon gre jay ce que veulx avoir

Pleure qui veult ou se veste de noir
Mais de ma part je vous faiz assavoir
Quainsi faire ce nest pas mon entente
          Il ny a cause
Et a bon droit car chacun peut savoir
Que suffisance est ung si noble avoir
Qui vault trop plus que nul or nautre rente
Se nul de ce en riens sen malcontente
Ne pour cela il ne men doit challoir
          Il ny a cause

---

1. Ce Rondeau ne se trouve pas dans les 350 .

XX

Que je vous ayme vous ne voulez[1] comprendre
Qui suys celle qui incessamment veult[2] tendre
Vous obeir et mettre en[3] non challoir
Honneur raison [4] pour seulement vous veoir
Ne ne[5] men chault qui men puisse reprendre

Point né vous ayme[6] pour nul bien en attendre
Car jamais riens de vous[7] ne vouldroye prendre
Vous lavez peu assez apparcevoir
      Que je vous ayme
On a voulu bien souvent me[8] deffendre
Que ne vous veisse[9] mais si je devoye fendre
Une muraille[10] vous povez bien savoir
Pour vous mettroye mon corps et mon[11] avoir
Vous le devez ainsi croire et entendre
      Que je vous ayme.

350. R. — 1. ayme assez povez.— 2. Celle je suis qui sans mentir vueil.— 3. mettre a.
— 4. Toute raison. — 5 Et ne.— 6. Point ne les dis.— 7. Car riens de vous jamais.—
8. Par plusieurs foys on ma voulu.— 9. Plus ne vous veoir.— 10. Ung bien gros mai.—
11. mettray cueur, corps et.

TOVT PAR RAISON RAISON PAR TOVT PARTOVT RAISON

XXI

Plus nay dactente au bien que jesperoye
Jamais nauray ce que tant je queroye
Ung si grand heur ne mestoit[1] advenir
Je cuidoys bien ung jour y parvenir
Et que le[2] plus du monde heureux seroye

Autre tresor jamais ne desiroye
Mais pour neant apres ores yroye
Car ce seroit laller pour le venir
      Plus nay datente
Espoir longtemps men a monstre la voye
Mais dur reffus maintenant me[3] renvoye
Charge du faiz de dolent souvenir
Jay bien cause[4] de triste devenir
Puisque je pers celle que je servoye
      Plus nay datente.

---

350 fl — 1. ne me doibt. — 2 Si que le. — 3. men. — 4. Jay cause assez

TOVT PAR RAISON RAISON PAR TOVT PARTOVT RAISON

XXII

Je la soustiens ung chef deuvre en nature
Et ne congnoys au monde creature
A mon plaisir si parfaicte en beaulte
Ne qui tant ait de sens et[1] loyaulte
Pour soy garder de toute forfaicture.

De pareille trouver cest[2] avanture
De tel maintien ne de tel stature
Soit pres ou loing en toute honnestete
    Je la soustiens
Il nest painctre[3] qui sceust faire en paincture
Ne grand Docteur mectre par escripture
Le bien parfaict que en elle est donte[4]
Pour sa tres haulte excellante bonte[5]
Louer la doy en tous lieux par droicture
    Je la soustiens.

---

350 R. — 1. en. — 2. Den recouvrer pareille est. — 3. Nul painctre est. — 4. Le parfaict bien qui en elle est dote. — 5. beaulte.

PAR RAISON RAISON PAR TOVT PARTOVT TOVT RAISON

XXIII[1]

Jayme fort une aussi elle le vault
Car cest celle qui maine les gens hault
Et les conduit aux grans œuvres entreprendre
Et qui la scet par raison bien comprendre
En elle na tant soit peu de deffault

Plusieurs dient quau besoing elle fault
Mais que la bonne petit de sens luy fault
Prenez le ainsi que vous le vouldrez prendre
   Jayme fort une
Moyennement gouverner il si fault
Sans y estre ne trop froit ne trop chault
Mais saigement a son droit point la prendre
Conclusion je diray sans mesprendre
Soit en amours bastaille ou assault
   Jayme fort une.

---

1. Ce Rondeau ne se trouve pas dans les 350 R.

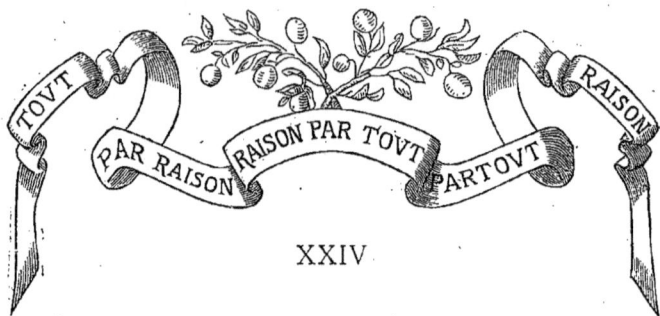

TOVT PAR RAISON RAISON PAR TOVT PARTOVT RAISON

XXIV

Contre fortune chascun pert[1] son effort
Tant soit lhomme saige hardi[2] et fort
Garder ne peut qua son plaisir ne tourne
Sa faulse roue qui[3] tous bons sens destourne
Soit par joye ou par grand[4] desconfort

Ceulx quelle mect au plus hault de son port
A qui elle fait[5] honneur faveur support
Sont si coquars quilz nont point mys de borne
   Contre fortune
Et les autres[6] qui ont le mauvais sort
Gisent dessoubz sans ayde ne confort
Car desespoir les conduit et atourne
Lun monte tost lautre a coup en retourne
Sans remede[7] non plus que de la mort
   Contre fortune.

---

350 R. — 1. on pert tout. — 2. Tant lhomme soit hardy bien saige. — 3. en qui. — 4. grant joye ou aspre. — 5. En leur faisant. — 6. Et les chetifs. — 7. Sans seurete.

PAR RAISON RAISON PAR TOVT TOVT RAISON PARTOVT

XXV[1]

En se monde je nay que desplaisance
Je suis celluy qui naquit sans doubtance
En liberte et jure sur ma foy
Quant il meust pleu javoys bien ceste loy
De vous mectre du tout en oubliance

Mais pour aymer vous et votre acointance
Depuis que jay de vous la congnoissance
Je suis sans Dieu et sans vous et sans moy
            En ce monde
Sans Dieu pour ce quen parfaicte fiance
Jadore en vous mais de mon aliance
Point ne voulez dont sans vous je me voy
Et puis sans moy chascun scet bien pour vray
Que vous seulle me tenez en souffrance
            En ce monde

---

1. Ce Rondeau ne se trouve pas dans les 350 R.

XXVI

Lespoir mennuye sans cesse et [1] tourmente
Considere quen vous nay nulle actente
Qui me donne [2] nul asseure plaisir
Par quoy jen ay en moy tel desplaisir
Que je ne voy chose qui me contente

Aucunes foys ma bouche rit et chante
Et puis mon cueur en souspirant lamente
Apres que jay pense tout a loisir
          Lespoir mennuye
Cuidant toujours parfournir [3] mon entente
Jay actendu passer le vent qui vente
Et nay voulu autre party choisir
Car [4] je ne puis assouvir mon desir
Jusques a ce que vous voye presente
          Lespoir mennuye.

TOVT
PAR RAISON
RAISON PAR TOVT
PARTOVT
RAISON

XXVII.

Du mal que jay. Helas qui men croyra
Se acuser[1] vueil point ne se prouvera
Je suys blesse voire a mortelle oultrance
A ma plaincte[2] foy lon nadjoustera
La credence men donne congnoissance[3]

Ma playe neufve ja sang nen gectera[4]
Et doubte fort que mourir me fera
Sans quon treuve sur[5] ma chair lapparance
         Du mal que jay
Mon ennemie armee ne sera
Ne ferrement on ne luy trouvera
Dont la puisse la charger[6] de loffence
Et qui pis[7] est jay clere appercevance[8]
Quautre quelle guerir ne me fera[9]
         Du mal que jay

350 fl. — 1. Saccuser. — 2. A mon grief pleint. — 3. ais je suis seul que sans recongnoissance.
(Ces deux derniers vers ne sont pas intervertis, c'est-à-dire que le dernier vers se trouve l'avant-dernier.)
4. en rien ne seignera. — 5. en — 6. Dont la charge on puisse. — 7. plus. — 8 congnoissance. — 9. Quaultre jamais ne me scaura.

XXVIII

A moy tout seul de mon mal me fault prendre
Qui follement ay voulu entreprendre
De vous aymer avant que vous congnoistre
Cuidant estre [1] en amours tres bon maistre
Mais endroit vous jay tout besoing dapprendre

Car nullement je ne vous puis [2] surprendre
Vostre vouloir est si fort a comprendre
Quil ne cest [3] fait tant soit peu apparestre
    A moy
Lon me doit bien chastier et reprendre
Plus estudie et plus suis a rapprendre [4]
Moins vous congnoiz que celle qui est [5] a naistre
Mon povre cueur quavez fait longtemps [6] paistre
Plus vous naurez car je le vueil reprendre
    A moy

---

350 R. — 1. fuissez. — 2. impossible est de jamais vous.— 3. ne se.— 4. reprendre
— 5. que coulx qui sont. — 6. long temps faict

XXIX[1]

Pour Dieu deffendez a votre œil
Quil ne me demande plus rien
Car cest par luy comme je tien
Sur ma foy que jay tant de ducil

Mon cucur vous fait tant bel acueil
Et jamais ne me voulez bien
      Pour Dieu
Par voz regars si fort me dueil
Que moy nay ung seul plaisir mien
Qui soit vray vous le scavez bien
Pour ce vous pry mon loyal vucil
      Pour Dieu

---

1. Ce Rondeau ne se trouve pas dans les 350 R.

PAR RAISON RAISON PAR TOVT PARTOVT TOVT RAISON

XXX[1]

Par ung regard qui de vous vint
En devisant a vous Madame
Vous me pleustes tant sur mon ame
Que daultre puis ne me souvint

Oublier trestout me convint
Oncques homme nayma tant femme
    Par ung regard
Et mon cueur tout vostre devint
Qui lors voua a Nostre Dame
De jamais que vous naymer ame
Mais ce fut des fois plus de vingt
    Par ung regard

---

1. Ce Rondeau ne se trouve pas dans les 3 0 R.

XXXI[1]

En vous voyant ce mest plaisir a lheure
Mais puis apres quant je voy la demeure
Si grande et longue a vous dire et compter
Mon desconfort par trop vous acointer
Mon mal redouble alors je vous asseure

Leuil y traveille et le cueur y labeure
Tous deux ont peine sans que nul les sequeure
Du triste faiz qui leur fault supporter
   En vous voyant
Lun en soupire et lautre formant pleure
Car craincte et doubte si fort me desasseure
Que nuyt et jour ne faiz que regreter
Et puis desir me fait tant souheter
Quil tient a peu que de duiel je ne meure
   En vous voyant

---

1. Ce Rondeau ne se trouve pas dans les 350 R.

TOVT PAR RAISON RAISON PAR TOVT PARTOVT RAISON

XXXII

Sans vous changer jentens pour tout[1] jamais
Mon cueur mon corps[2] entre voz mains je mectz
Pour vous servir tous les[3] temps de ma vie
Comme la plus de ce monde assouvye
En parfection[4] sans sy ne qua ne metz[5]

Toutes autres[6] je quicte et men demes
Et mon vouloir au votre je remes
Car vous valles destre aymee et servie
      Sans vous changer
Entierement a vous je me soubmes
Et si vous jure et ma foy vous prometz
Que dautre aymer nay vouloir ny[7] envye
Vous mavez tant lamour du cueur[8] ravye
Que je seray tout votre desormes
      Sans vous changer.

350 R. — 1. a tout. — 2. et corps. — 3. le. — 4. Parfaicte en biens. — 5. mais. —
6 Tout le surplus. — 7. ne. — 8. Vous avez tant ma volunte.

TOVT RAISON PAR RAISON RAISON PAR TOVT PARTOVT

XXXIII

En est il ung qui se seust·exempter
De bien laymer sil la voulue hanter
Veu[1] sa grace et sa façon de faire
Cest la Dame[2] qui tous cueurs scet atraire
Car par raison veult chascun contenter

Les quaqueteurs ont beau parlementer
De tous ceulx la quon y voit frequenter
Ou est celluy qui peust son bruit[3] deffaire
  En est il ung
Pour quelque vent quelle ayt oy venter
El·na laisse[4] rire dancer chanter
Honnestement sans en riens se forfaire
Je soustiendroys sur ma foy le contraire
Qui se vouldroit de son honneur vanter
  En est il ung

---

330 R. — 1. Voyant.— 2. La Dame cest.— 3. qui son bruit peult.— 4. Pourtant ne laisse.

XXXIV[1]

Au gre damours se veult brancher
Porter gez du mez trancher
Et pour une mectre en servaige
Le cueur que jay comme ramage
En liberte nourry tant cher

Et si vous luy monstrez tant chair
Croiez quil le fauldra lacher
Afin quil aille rendre hommaige
  Au gre damours
Car vostre œil se gentil archer
Le me veult du corps arracher
Luy baillant espoir pour hostaige
Il prent tout a son avantaige
Et fait longes pour latacher
  Au gre damours

---

1. Ce Rondeau ne se trouve pas dans les 350 R.

XXXV

La peine est grande voire[1] plus quon ne pense
Et le pourchas plain de desasseurance
Mais quant je voy celle la pour qui sest
Je considere[2] que trop eureux acquest
Men peut venir et bonne reconpanse

Je du[3] regret et de la desplaisance
Du mal assez et beaucoup de souffrance
Mais je lendure et point ne me[4] deplaist
      La peine[5]
Car celle seule soubz[6] qui geist ma fiance
A le de quoy et lentiere puissance
Pour me guerir de mon mal sil luy plaist
Ainsi je souffre et ma bouche se taist
Portant tieulx[7] maulx soubz couverte esperance
      La peine[8]

---

350 R. — 1. grande assez. — 2. Le congnoys bien. — 3. Jay ou. — 4. men. — 5. est grande. — 6. en — 7. telz. — 8. est grande.

XXXVI

Pour une foys que peuz apparcevoir
Ce[1] mirouer je vy que decevoir
Faisoit celle[2] de mon malleur tant plaine
Et en propos trop desdaigneux la meine
Dont me convient si fort plaindre et douloir

Car il luy rent ce quil peust recevoir
De sa beaulte et doulceur pour tout voir
Dont de le rompre jeus voulente soudaine
        Pour une foys
Mais je pensay que pis pourroie avoir
En le rompant et luy donnoye pouvoir
De plus la faire rude fiere et[3] haultaine
Dont jeusse apres souffert plus griesve peine
Car mille foys leusse fait belle voyr
        Pour une foys

---

380 R. — 1. Ung clair. — 2. Celle faisoit. — 3. De lenflerir et faire plus.

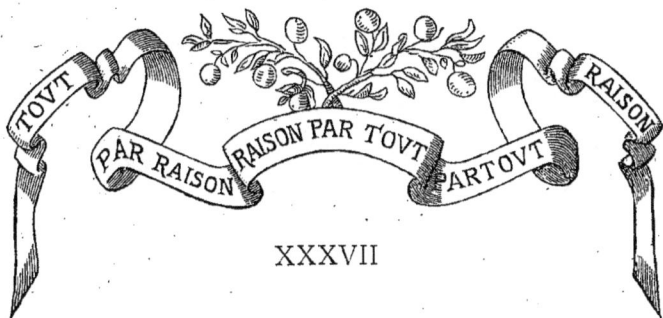

XXXVII

Cent mille foy jay este enuyeulx
Vous eslongner et fouyr en tous lieux
Cuidant oster ma grande douleur mortelle
Mais je nay peu avoir puissance telle
Car je vous ay paincte devant mes yeulx

·Et qui plus est sen vous penser je veulx
Quelques deffaulx ou ainsi maide Dieulx
Je vous trouve meilleur grace et[1] plus belle
      Cent mille foys
Ce qui me fait si[2] melencolieulx
Cest que je voy plus vous suis gracieux
Et plus mestes fiere rude[3] et rebelle
Et quant·je veuil en prendre a vous[4] querelle
Cest a lheure[5] que je vous ayme mieulx
      Cent mille foys

---

350 R. — 1. Je trouve en vous tousjours grace. — 2. tant. — 3. Plus envers moy
estes fiere. — 4. Et quant a vous je vueil prendre. — 5. Adoncques cest.

XXXVIII [1]

Par trop querir ce que fouyr je deusse
Et par aymer ce que pas ne congneusse
Ne feust lacueil de vous que jayme tant
Fault que rigueur me voise combatant
Jusquau mourir sans que pourvoir y sceusse

De votre lit je me souhete peusse
Affin au moins qua ce parvenir peusse
Dont nuyt et jour je me vois debatant
   Par trop querir
Oy pleust a Dieu quonques entreprins neusse
Si pesant faiz car ores ne receusse
Si grans travaulx dont je suis regretant
Mieulx me seroit avoir este contant
Vos eslongner car si laisse ne feusse
   Par trop querir

---

1 Ce Rondeau ne se trouve pas dans les 330 R.

En cruvechef[1] me sembles si tres belle
Que incessamment mon œil joue de lelle[2]
Pour voz valleurs sans cesse appercevoir
Et bien vouldroit une maistresse avoir
Pareille a vous et quil luy semblast telle

Veue vous ay de jour et a chandelle
Mais je soustiens tousjours ceste querelle
Que par sur toutes il vous fait tres bon veoir
      En cruvechef[3]
Je nay point veu Dame ny[4] Damoiselle
En ce pays tant soit gente ou nouvelle
Qui pres de vous face pour recevoir
Bref chascun dit entre[5] autres pour tout veoir
Maintien avez plus doulx que une pucelle
      En cruvechef[6]

---

350 R. — 1. coeuvrechief. — 2. mon cueur joue de la elle. — 3. coeuvrechief. — 4. ne. — 5. en. — 6. coeuvrochief.

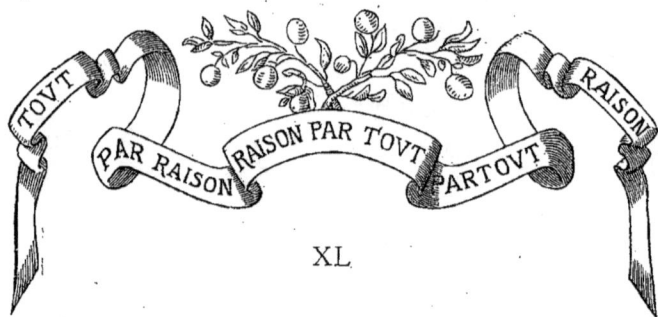

TOVT PAR RAISON RAISON PAR TOVT PARTOVT RAISON

XL

Il est bien vray que jaye[1] une maistresse
Qui longtemps a tient mon cueur et pocesse
Et en peut faire a son commandement
Je suis tout sien nen doubtez nullement
Car elle vault plus que nulle[2] princesse

Ung bien y a el nest point[3] menteresse
Sote affetee ny aussi[4] venteresse
Mais fait son cas par tout honnestement
  Il est bien vray

Et se ainsi est quaucuneffoys je[5] laisse
A[6] laller voyr et tenir ma promesse
Il ne men fault blasmer aucunement
Car je le foys pour raison seullement
Que de nous deux lamour ne se congnoisse
  Il est bien vray

---

350 R. 1. jay. — 2. — vault trop plus quen. — 3. elle nest. — 4. affectee, aussi ne.
5. Et sainsy est que bien souvent la. — 6. De.

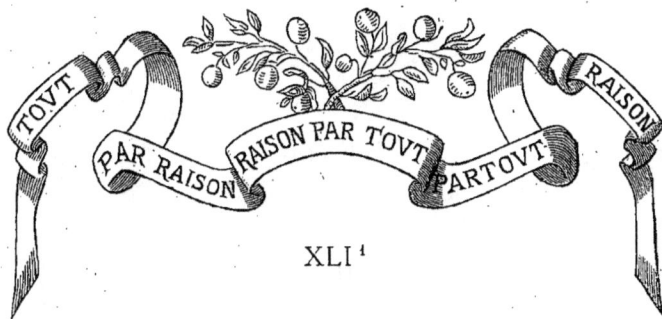

XLI[1]

A vous est que lon doit complaire
Et mectre peine de vous plaire
Nuyt et jour tousjours vous servir
Et qui ne si veult asservir
Se doit mectre a part et retraire

Dieu print plaisir a vous parfaire
En forme dun ange pour faire
Son chef dheuvre sans point faillir
      A vous
Vous plus louer nest necessaire
A leuil se voit si men veuil taire
Vers vous suis venu requerir
Le bien pour lequel acquerir
Mille pas jay faiz sans riens faire
      A vous

---

1. Ce Rondeau ne se trouve pas dans les 350 R.

XLII

Plus chault que feu ne que mestal en fonte
Est mon las cueur quamours contrainct et dompte
A pourchasser d'une Dame la grace
Si gelee que sa grand[1] froideur passe
Naige et gresle quant vent de[2] bise monte

Nesse pas bien ung fort estrange compte
Il brulle et art damour qui le surmonte
Et se nourit en ceste froide glace
        Plus chault que feu
Car quant son cas a sa Dame il raconte
Elle nen fait ny estime ne conte
Mais semble advis que grand tort[3] il luy face
Plus est froide plus salume et[4] ambrase
Mon pouvre cueur qui languist en tel honte
        Plus chault que feu

---

350 R. — 1. Toute gelee ol qui en. — 2. vent, neige et gresle au temps qui —
3. mal. — 4. Plus refroidist, plus de chaleur.

XLIII

Je ne seroys par[1] quel bout commancer
Vous hault[2] louer et voz mœurs avancer
Car sur ma foy tant plus[3] cuide en somme
Vous estimer et quant le tout jasomme
Et plus je voy quil y a a penser

Vous estes telle quon ne vous peut passer[4]
Nul ne pourroit voz valeurs compasser
Et[5] croy quil est impossible a tout homme
      Je ne seroys
Vous avez sceu de beaulte amacer
Ce qui en est et parmy enlasser
Une bonte qui tant fort vous renomme
Pardonnes moy doncques si[6] je ne nomme
Voz vertuz toutes[7] pour bien les exaulcer
      Je ne seroys

350 R. — 1. Je ne scauroye n. — 2. Pour vous. — 3. plus je. — 4. Telle estes vous quon ne vous peust penser. — 5. Je. — 6. se. — 7. voz grans vertus.

XLIV[1]

Par cõntraincte damour tres naturelle
Qui me dit lors tu ne serviras quelle
Me suis offert a vous faire service
Et en usant de rigueur de justice
Contre raison navez ete rebelle

Mais par requeste humble et continuelle
Jespere avoir de vous bonne nouvelle
Car pitie veult que raison obeisse
    Par contraincte
Ou devant Dieu de nature japelle
Qui a forme creature si belle
Si parfaicte pour y laisser ung vise
Ce pitie nest de votre cueur nourrice
En poursuyvant mourray en la querelle
    Par contraincte

---

1. Ce Rondeau ne se trouve pas dans les 350 R.

TOVT PAR RAISON RAISON PAR TOVT PARTOVT RAISON

XLV[1]

Venez a moy regrez gemissemens
Tristesse et deuil et tous encombremens
Et saisissez mon cueur a votre guise
Faictes de moy selon votre maistrise
Car je suis votre et a vous je me rens

Pensees ennuys et mauvais fachemens
Toutes choses nuysantes aux amans
Je vous suppli sans faire autre entreprise
  Venez a moy
Plus je ne quiers joye ny esbastemens
Car celle en qui gisoient mes pensemens
Et que javoye pour ma maistresse quise
Ma trop joue de cruelle faintise
Laissez doncques tous voz empeschemens
  Venez a moy

---

1. Ce Rondeau ne se trouve pas dans les 350 R.

XLVI[1]

Je dy que non et que dessoubz les cieulx
Lon fauldroit bien trouver voire en tous lieux
Pareille a Vous ma tant bonne maistresse
Car vous avez et fusse pour Princesse
Maintien exquis et parler gracieulx

Dont estre a vous desire quiers et veulx
Et qui diroit quon pourroit trouver mieulx
Tant en beaulte doulceur comme saigesse
     Je dy que non
Si quelque fol coquart ou glorieulx
De sa Dame me loue les doulx yeulx
Disant que cest la plus belle deesse
Qui oncques fut par despit ou rudesse
Je luy responds taisez vous ennuyeulx
     Je dy que non

---

1) Ce Rondeau ne se trouve pas dans les 350 R.

PAR RAISON RAISON PAR TOVT PARTOVT TOVT RAISON

XLVII

Fors de pitie estes toute remplie
De bonnes meurs et la mieulx acomplie
Femme qui[1] soit aujourdhuy soubz les cieulx
Vostre regard est assez gracieulx
Mais quoy rigueur souvent le tourne et plie

Votre valleur acroist et multiplie
Votre doulceur a toute heure deplie
Mille vertuz dont len[2] vous prise mieulx
      Fors de pitie
Tres humblement vous requiers et supplie
Que vous souffrez[3] que mon vouloir se lie
A vous aymer et servir en tous lieulx
Cest tout le bien ou parvenir je veulx
Car vous estez de tous honneurs[4] emplie
      Fors de pitie

---

350 R. — 1. quil. — 2. on. — 3. Quen vous faciez. — 4. Car on vous tient de tout honneur.

5

XLVIII [1]

Vous veoir souvent me seroit ung plaisir
Voire si grand que jamais deplaisir
Ne me pourroit a celle heure supprendre
Car avec vous on peut tout bien apprendre
On ne sauroit au monde mieulx choisir

Vous eslongner me fait en deuil gesir
Que pleust a Dieu que jeusse le loisir
Et le moyen tous les jours sans mesprandre
      Vous veoir souvent
Car qui pourroit votre grace saisir
Ne sen devroit en piece dessaisir
Beaulte avez jeunesse doulce et tendre
A autre afaire je ne vouldroys entendre
Fors seullement pour tout le mien desir
      Vous veoir souvent

---

1. Ce Rondeau ne se trouve pas dans les 350 R.

XLIX [1]

A vous plus quautre de beaulte loutrepasse
Tresor dhonneur qui le surplus efface
De toutes celles qui ont bruit loz et pris
Se vient offrir ung loyal cueur espris
Damour nouvelle dont jamais ne se lasse

Et se voulez que monstrance il vous face
Aquel fin votre amour veult et chasse
Il le fera sans en estre reprins
   A vous
Seulle vous veult de toute autre il dit passe
Car quant voz meurs et voz valleurs compasse
Bien scet pour vray quil a haut entrepris
Ce neanmoins tant de bien a appris
En vous voyant que force est quil pourchasse
   A vous

---

1. Ce Rondeau ne se trouve pas dans les 350 fl.

TOVT PAR RAISON RAISON PAR TOVT PARTOVT RAISON

L

Pour obeyr au plaisir de mes yeulx
Jay mis mon cueur en penser ennuyeulx
Cuidant servir et faire une maistresse
Mais jay congneu quelle a autre promesse [1]
Par quoy jay prins ung congie gracieulx

Si nesse pas que jen soye joyeulx
Car pour ung temps jen feuz bien amoureux
Mais raison veult que de tous pointz la laisse
      Pour obeyr
Veu quen amours les regres y sont tieulx
Jay esperance [2] que se sera mon mieulx
De retourner a ma premiere adresse
Car pour ceste heure il y a trop grand presse
Et les dangiers y sont fort [3] perilleux
      Pour obeyr

---

3 0 R. — 1. Mais je ne scay qui m'y joue finesse. — 2. Jay bon espoir. — 3. trop.

LI

Tant suis dolent et de douleur espris
Que je puis dire[1] jay des douleurs le pris
Et qua malheur nul[2] a moy ne saprouche
Car il nest peine qui a mon cueur ne touche[3]
Ny[4] nul tourment dont ne saiche le pris

Espoir me fuit desespoir ma surpris
Et comme esclave[5] me tient lye et pris
Au lit de dueil[6] ou sans cesser me couche
      Tant suis dolent
Voire et sans cause[7] car oncques ne mespris
Ny ne feiz chose[8] dont deusse estre repris
A mon pouvoir ne digne de reprouche
Mais sur ma foy il nest possible a bouche
Dire les maulx qui en moy sont compris
      Tant suis dolent

---

350 R. — 1. Que dire puis. — 2. net. — 3. Car peine nest qui en mon cueur
natouche. — 4. Ne. — 5. serf. — 6. pleurs. — 7. Voire a grand tort. — 8. Ne rien nay
faict.

TOVT PAR RAISON RAISON PAR TOVT PARTOVT RAISON

LII

Loing de sa joyë et pres de sa rigueur
Prouchain[1] de dueil eslongne de bonheur
Fuitif[2] despoir et pres de longue actente
De tous telz mes est tous les jours[3] de rente
Pour tous plaisirs servir mon pouvre cueur

Une la fait estre son serviteur
Pour sa beaulte et parfaicte valleur
Qui le detient en prison trop dolente
      Loing de sa joye
Or nest il plus de son vouloir seigneur
Reffus le tient en mortelle langueur
Et la bany de liberte plaisante
Noire couleur luy seroit bien seante
Car il demeure sans force ne[4] vigueur
      Loing de sa joye

---

350 R. — 1. Prochain. — 2. Fuytif. — 3. metz est chascun jour. — 4. Car il na plus
ny force ny.

LIII

Triste et pensif je suis tout devenu
Puisque malleur si grand mest advenu
Que vous mavez voulu plus estranger [1]
Quoncques femme ne feist nul estranger [2]
Sans scavoir dont le propos est venu

Tousjours depuis mest de [3] soir souvenu
Que de vous plus ne feuz entretenu
Dont me convint en ce point desloger
  Triste et pensif
Pour serviteur vous maviez [4] retenu
Et par sus tout plus que tout [5] maintenu
Mais jay congnu votre vouloir changer
Ainsi voulant fouyr tout cest dangier
Hactivement je men suis revenu
  Triste et pensif

---

350 R — 1. estrangier. — 2. Quoncques ne feist femme nul estrangier.— 3. du. —
4. de vous feuz. — 5. nul.

TOVT PAR RAISON RAISON PAR TOVT PARTOVT RAISON

LIV

Quelle tu es ne puis tu[1] pas congnoistre
En ce mirouer qui te demonstre[2] estre
Belle[3] et doulce et tu es fiere et rude
Croy pour certain quil te ment et illude
Ton cueur qui est du mien seigneur et maistre

Cestuy en toy fait augmenter et croistre
Ton grand desdaing qui ma douleur fait naistre
Car il est cause[4] dont toy mesmes te cude
  Quelle tu es
Si tu ne veulx dor en avant plus nestre[5]
Par luy trompee et ton fait recongnoistre
Laisse se verre qui si fort toutrecude[6]
En moy te mire et y metz ton estude
Car mon visaige te fera aparestre[7]
  Quelle tu es

---

350 R. — 1. tu ne peulx. — 2. En ung mirouel qui te demonstre a. — 3. Tres belle. — 4. Car cause il est. 5. Se tu veulx, donc doresnavant plus estre. — 6. ce voirre ou ton sens se oultrecuide. — 7. Qui te fera tout au vray apparoistre.

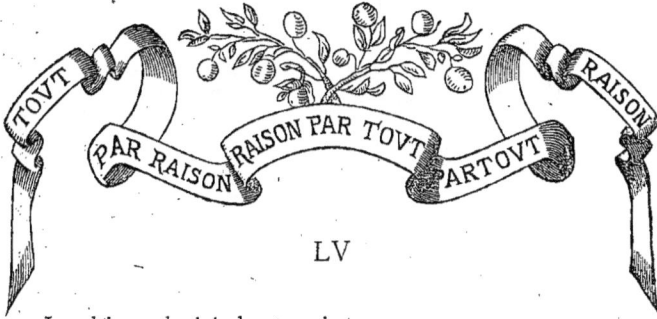

TOVT — PAR RAISON — RAISON PAR TOVT — PARTOVT — RAISON

LV

Jay bien choisi dont point ne me repens
Et plus y a car eureuse me sens
Davoir trouve ce que tant ay cherche
Car il est tel quil nest point reprouche [1]
Mais estime est bien de toutes [2] gens

De tel ne voy ne ne vi [3] de dix ans
Car en luy a des graces bien cinq cens
Et de nul vice ne se treuve [4] entache
     Jay bien choisi
Ce nest merveille [5] si ad ce me consens
Et si je layme ainsi que je lentens
De ce mon cueur ne se treuve empesche
Daymer ung tel ce nest point de peche
La chose est telle a le prendre en tous sens
     Jay bien choisi

350 R. — 1. reproche. — 2. estime bien fort de toutes. — 3. ny ne vis. — 4. Pour
ce quil nest de nul vice. — 5. Merveille nest.

LVI

A ceste heure [1] qua toy parler ne puis
Te veulx escrire comme je me conduis
Car de mon vivre le tiltre et le [2] blason
Cest mener [3] dueil par piteuse façon
De la les joyes ou souvent [4] me reduis

Tu mas laissee et une autre poursuis
Et ton amour maintenant plus ne suis
Helas amy plus nous ne nous [5] baisons
       A ceste heure
Mes dolens jours et longues veilles nuys
Logent en moy ung million dennuys
Pour doulx repos jay larmes a foison
En regretant la passee saison
Et mesbahiz donc pourquoy tu me fuys
       A ceste heure

---

350 R. — 1. foys. — 2. Car le mien vivre est pour tiltre et. — 3. Mener grant. —
4. Voyla la joye ou present. — 5. plus ne nous.

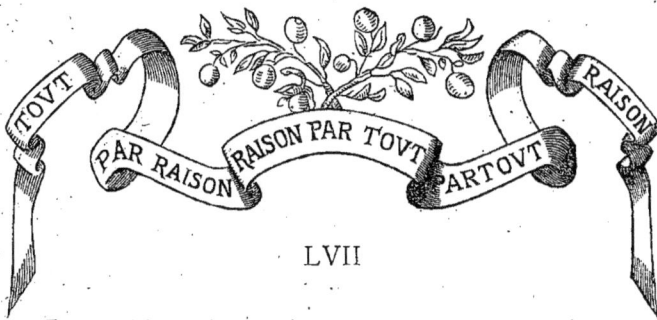

LVII

Se ainsi [1] estoit que jeusse congnoissance
Queussiez [2] perdu de moy la souvenance
Mon cueur plaindroit qui en riens na mespris
Ny na fait chose [3] dont deust estre repris
Car en la [4] vie il ne vous fit offence

Il nest heure que cent foys je ny [5] pense
Que pleust a Dieu vous tenir en presence
Car jauroye bien de mes souhetz le pris
       Se ainsi [6] estoit

Si ma len [7] dit quavez autre acointance
Dont je perdroys et sens et pacience
Sil estoit vray que vous feussiez surpris
Damours nouvelle ou maintz hommes sont pris
La je mourroye bien tost de desplaisance
       Se ainsi estoit

---

330 R. — 1. Sainsi. — 2. Que eussiez. — 3. cas. — 4. sa. — 5. Tant jour que nuict sans mille foy je y. — 6. Sainsi. — 7. lon.

LVIII

Fors moy ne doit se plaindre de rigueur
Femme du monde[1] par regretz ou clameurs
Envers des myennes que jay ou corps emprainctes[2]
Car jen ayme ung qui a mes joyes estainctes
Et ma changee dont sur le pie je meurs

Il ma laissee et porte les couleurs
Dune autre Dame[3] dont ay gecte mains pleurs
Nulles nen voy qui ainsi soient actaintes
   Fors moy
Onc[4] ne laimay pour ses biens ny[5] faveurs
Mais seullement pour ses vertuz et meurs
Dont je puis dire et mectre en mes complainctes[6]
Quil ma aymee et beaucoup dautres maintes
Las nul ne doit compter de ses douleurs
   Fors moy

350 R. — 1. Femme vivant. — 2. Envers ceux la que jay mon cœur empraincte
Car jen ayme ung qui a ma joye estaincte
Pour me changer donc sur les piedz je meurs.
3. Daultre que moy. — 4. Point. — 5. ne. — 6. Dont dire puis et mettre en ma
complainte.

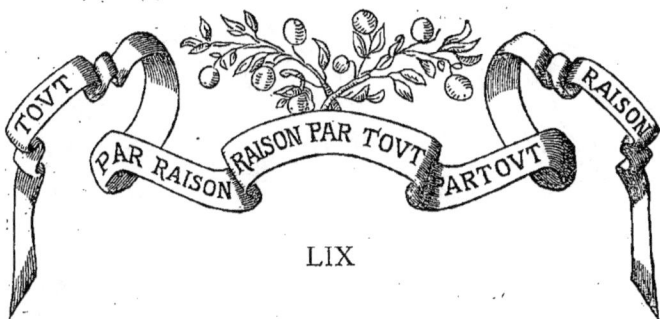

LIX

Deuil et ennuy souci regret et paine
Ont eslongne ma plaisance mondaine
Dont a part moy[1] je me plains et tourmente
Et en espoir nay plus ung brin datente
Vela comme[2] fortune me pourmaine

Je nay pensee qui joye me ramaine
Ma fantasie est de deplaisir plaine
Car a tout heure[3] devant moy se presente
  Deuil et ennuy
Ceste langueur est pis[4] que mort soudaine
Puis quen moy na sang cher os[5] nerf ny vaine
Qui rudement et tres fort ne sen sente
Pour abreger sans que riens je vous mente[6]
Jay sans cesser qui ma joye a[7] fin maine
  Deuil et ennuy

---

350 R. — 1. Dont a moy. — 2. Voyla comment. — 3. Car sans cesser. — 4. vault
pire. — 5. pur sang, cher. — 6. Parquoy je dis sans que men contente. — 7. qui ma
vie en.

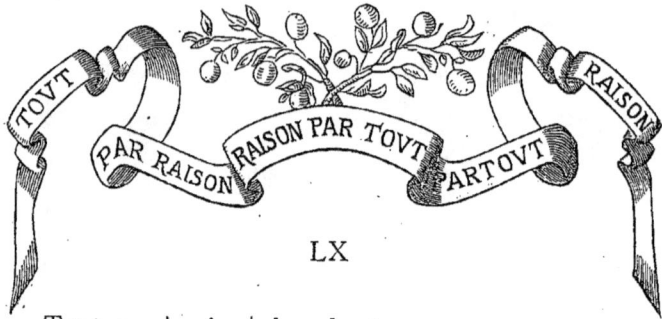

LX

Tant que je vive [1] de cela soyes seure
La grand doulceur qui avec vous demeure
Ne sera mise [2] par moy a non challoir
Mais demouray [3] tousjours en ce vouloir
De recorder vos vertuz a tout heure

Et jasoit or quen loingtaine demeure
Apsent de vous mon esprit labeure
Dautre acointance [4] ne me vouldray pourvoir
      tant que je vive [5]
Car [6] sur ma foy quant je pense ou saveure
Le bien de vous et la grace meilleure
Et que nulle autre ne scauroit [7] plus valoir
De vous aymer je feray mon devoir
Ou au besoing ja Dieu ne me sequeure
      tant que je vive [8]

---

350 R. — 1. que vivray. — 2. Ne se mettra. — 3. donneray. — 4. party. — 5. que vivray. — 6. Et. — 7. Et quon ne peult au monde. — 8. que vivray.

PAR RAISON · RAISON PAR TOVT · PARTOVT · TOVT · RAISON

LXI[1]

Je pers mon temps dont point ne me contente
Et si ay mys cueur corps sens et entente
A vous aymer servir et honorer
Mais par rigueur me faictes demourer
Loingtaing despoir et pres de longue actente

Jay souvenir que sans cesser tourmente
Ma voulente soubz maniere plaisante
Par peu de fait et beaucoup esperer
　　　　Je pers mon temps
Du remede ny voy cause aparente
Fors que pitie se monstrast ma parente
Par ce moyen je pourrois prosperer
Mais sans cella je puis deliberer
Que me hayes la chose est evidente
　　　　Je pers mon temps

---

1. Ce Rondeau ne se trouve pas dans les 350 R.

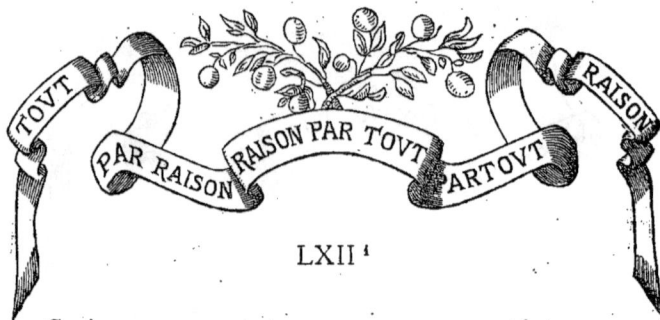

LXII [1]

Se je vous ayme et vous ne maymes point
Mon piteulx cas sen va tres mal a point
Et tout par faulte davoir gaigne promesse
De votre bouche seure comme la Messe
Dont jay grand peur davoir le contrepoint

Jen amaigris si fort que mon pourpoint
Est eslargy ce me semble dun point
Ne me faictes donc plus tant de rudesse
    Si je vous ayme
Mais je vous prie pour venir au droit point
Declairez moy tout franc de point en point
Si maymerez sans me jouer finesse
Affin que mecte mon cueur hors de la presse
Ou le tenez, Car il est mal en point
    Si je vous ayme

---

1. Ce Rondeau ne se trouve pas dans les 350 R.

LXIII

Tant de longs jours et tant de dures nuys
Tant de travaulx de regrez et dennuys
Jay soustenuz pour votre amour atraire
Et nay pourtant de votre cueur sceu traire
Fors le mal seul dont a moy mesmes nuys [1]

Jay rabate souventes foys a luys [2]
De votre grace disant helas [3] je suis
Celuy qui tant vous a voulu complaire
 Tant de longs jours
Cest a bon droit si se bien je poursuis
Car je suis seur que jamais je ne puis
Soubz plus grant eur [4] me renger ne retraire
Mais que vous vault de tant mestre contraire
Et dempescher mes souetez [5] desduis
 Tant de longs jours

---

350 R. — 1. nuytz. — 2. lhuys. — 3. en disant las. — 4. heur. — 5. souhhaictez.

TOVT · PAR RAISON · RAISON PAR TOVT · PARTOVT · RAISON

LXIV[1]

Il men deplaist dont plus tost nay servye
Celle qui a ma franchise aservie
Par les grans biens que jay congnuz en celle
Car la beaulte bonte sens valleur delle
En loyaulte la font tres assouvie

De la servir certes je meurs denvye
Se piteuse est bien doy aymer ma vie
Si non aussi jay mauvaise querelle
      Il men deplaist
Se par amour grace estoit desservie
Ou par servir pitie estoit ravye
Jauroys des biens et des honneurs dicelle
Que jayme et crains et a chascun le scelle
Mais se force est que par elle devie
      Il men deplaist

---

1. Ce Rondeau ne se trouve pas dans les 350 R.

TOVT PAR RAISON RAISON PAR TOVT ARTOVT RAISON

LXV.

Yeulx esgarez a [1] que voulez vous faire
Vous voulez vous soubz mectre a tel affaire
Daller joyeulx pour triste devenir
Vers celle la qui dun seul souvenir
Ou dun regard ne vous daigne complaire

Puisque ainsi est que ne pouvez atraire
Celle vers vous il vous vault mieulx retraire
Que sans propos [2] tant aller et venir
      Yeulx esgarez
Envers le cueur voulez par trop meffaire
Car en voyant ce qui le peut deffaire
Vous ne pouvez de ce lieu revenir
Puis donc que mieulx il nen peut avenir
Retires vous en quelque autre repaire
      Yeulx esgarez

35ᵛ R. — 1. ha. — 2. repos.

TOVT
PAR RAISON RAISON PAR TOVT PARTOVT RAISON

LXVI

Pour vous aymer jay douleur aspre et forte
Qui tourmente mon cueur de telle [1] sorte
Quun seul plaisir je ne sauroys avoir
Et si ny puis remede apparcevoir
Dont je congnoys que ma joye vault morte

Car je nay plus despoir qui [2] me conforte
Et qui pirs [3] est ung chascun me rapporte
Quil me fauldra plusieurs maulx recevoir
     Pour vous aymer
Jay des regres ung millier a ma porte
Lun mestonne lautre mon sens [4] transporte
Ma Maistresse je [5] le vous faiz scavoir
A celle fin quil vous plaise y pourvoir
Ou je mouray de lennuy que je porte
     Pour vous aymer

---

350 R.— 1. Qui me tourmente en si diverse.-- 2. Plus nay despoir qui' en riens.—
3. pis. — 4. Lung fort mestonne et laultre me. — 5. A·vous me plainctz et.

TOVT PAR RAISON RAISON PAR TOVT PARTOVT RAISON

LXVII [1]

Pour acomplir le vouloir de mon cueur
Je me suis [mis] a estre serviteur
Dune de qui jatendoye avoir grace
Mais je voy bien qui fault que je me passe
De ce de quoy je cuidoye estre seur

Se fortune meust voulu donner lheur
Quil luy eust pleu me faire tant donneur
De moy aymer plus quautre je laymasse
        Pour acomplir
Mais de ce coup ne fault que jaye peur
Et me semble que cest trop le meilleur
Veu le tant peu de bien que je y amasse
Quil vauldroit mieulx que je me reposasse
Sans plus avant pourchasser mon malheur
        Pour acomplir

1. Ce Rondeau est la répétition du n° XVII.

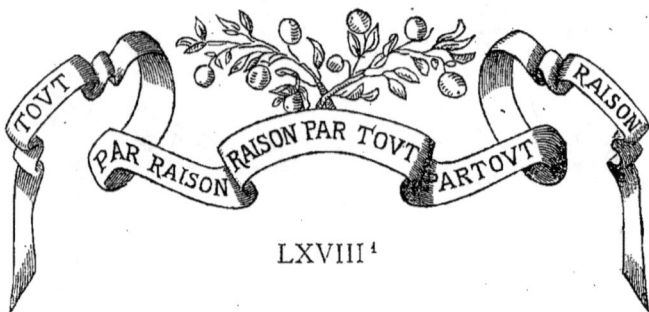

LXVIII[1]

Pour vous aymer jay douleur aspre et forte
Qui tourmente mon cueur de telle sorte
Quun seul plaisir je ne sauroys avoir
Et si ny puis remede apparcevoir
Dont je congnoys que ma joye vault morte

Car je nay plus despoir qui me conforte
Et qui pirs est ung chascun me rapporte
Quil me fauldra plusieurs maulx recevoir
      Pour vous aymer
Jay des regres ung millier a ma porte
Lun mestonne lautre mon sens transporte
Ma Maistresse je le vous faiz scavoir
A celle fin quil vous plaise y pourvoir
Ou je mouray de lennuy que je porte
      Pour vous aymer

---

1. Ce Rondeau est la répétition du n° LXVI. — C'est une seconde sommation de l'amant à sa maîtresse, et ce n'est assurément pas sans une arrière-pensée que, lors de l'impression, les mots « *Ma Maistresse* » ont été remplacés par « *A vous me plainctz* et... »

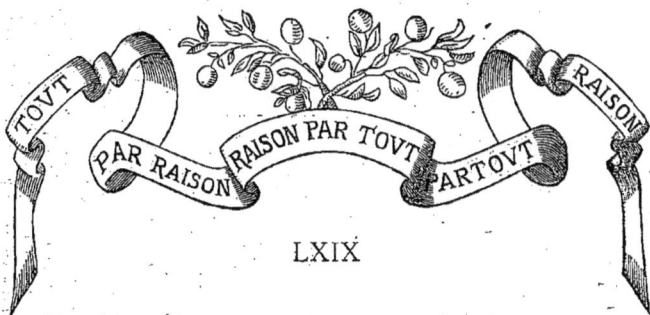

LXIX

Des biens damours qui concques les depart
Quant est a moy jen ay petite part
Fort me deplaist quainsi lon me charie
Vivre en espoir se nest que moquerie
Il nest pas fol qui dheure sen depart

Plus estudie et moins congnois cest art
Se bien men[1] vient se sera sur le tard
Car par ma foy se nest que tromperie
    Des biens damours
Je cuidoye bien quon eust a moy regard
Mais je ne suis ne au tiers ne au quart
De mon cuider dont jay chere marrie
Et toutesfoys force est que je men rie
Et face lieu a quelque autre coquart
    Des biens damours

LXX

Entre cent autres[1] ou je vous vy nagueres
Je regarday[2] votre geste et maniere
Les façons vostres[3] le maintien et la grace
Lors je pensay vecy[4] une oultre passe
Qui a bon droit aprouche[5] la premiere

Jentends en meurs en beaulte singuliere
En contenance doulce et[6] familiere
En mille biens qui vous font[7] avoir place
    Entre cent autres
De mectre a pris votre valeur entiere
Jay peu de sens et assez de matiere
Prou de desir et le cueur ne sen lasse
Voz vertuz grandes[8] me dònnent de laudaçe
Qui tant vous font priser et tenir chere
    Entre cent autres

---

350 R. — 1. Entre aultre cent. — 2. Je regarde. — 3. Votre façon. — 4. voicy. — 5. approche. — 6. et en doulceur. — 7. faict. — 8. grans vertus.

LXXI.

Mes desplaisirs dont jen ay mainte sorte
A mon pouvoir je les suffre et les porte
Fors ung tout seul qui tant au cueur me touche
Qui tient a peu que de bref ne ma couche [1]
Au lit de pleur comme personne morte

Espoir na lieu car mon malheur lemporte
Regret me tient encloz soubz dure porte
Qui tous les jours me travaille et reprouche [2]
      Mes desplaisirs

Cest tout pour une [3] qui le myen sens transporte
Car sa valleur incessamment maporte
Mille tresors de precieuse touche
Mos [4] vertueux qui yssent de sa bouche
Ainsi me traicte et tient en sa main forte
      Mes desplaisirs

---

80 R. — 1. de brief je nacouche.   2. reproche. — 3. Pour une cest. — 4. Motz

LXXII [1]

Si je le di ce que vers vous me meine
Beaucoup de foys le long de la sepmaine
Je vous suppli vueillez mon cas entendre
Et la doulceur de vostre grace estandre.
Sur moy qui suffre pour vous beaucoup de peine

Je vous ayme damour vraye et loingtaine
Et nay ose vous en faire certaine
Craignant quen mal ne le voulsissiez prendre
   Si je le di
Mais sil vous plaist de mestre tant humaine
Quen votre endroit mon amour ne soit vaine
Je serviray loyaulment sans mesprendre
Et si aucun le peut de moy apprendre
Mourir je puisse tantost de mort villaine
   Si je le di

---

1. Ce Rondeau ne se trouve pas dans les 350 R.

LXXIII

Cest mon malheur que mauldit soit fortune
Je suis contrainct den aymer tant fort une
Que jen souffre [1] du mal ardant et chault
Et si sçay bien que de moy ne luy chault
Car sans cesser sa rigueur me fortune

Elle a mon cueur il nest point a chascune
De loublier je nay puissance aucune
Vueilles ou non servir il la me fault
      Cest mon malheur

Mon amour nest ligere [2] ne commune
Jauroys par Dieu plus tost [3] menge la lune
Que luy faire tant soit peu de deffault [4]
De tant laymer suis je pas bien lourdault
Quant je nen ay bonne chere nesune [5]
      Cest mon malheur

---

350 R. — 1. soustien. — legiere. — 3. Jauroys plustost certes. — 4. Que de luy faire ung tour lasche ne faulx. — 5. aucune.

LXXIV

Jen suis en doubte et ne le puis scavoir
Si ay je fait au pourchas mon devoir
Mais plus y pense et moins je voy davance
De peu me sert ma peine et diligence
Je meurs denvye et ne le puis avoir

Car ceulx qui ont puissance dy pourvoir
Me pourroient bien tromper et decévoir
Pour vous dire[1] de mon cas la sustance
    Jen suis en doubte
Mainte douleur il me fault recevoir
Et si ny puys remedde appercevoir
Jay souspeçon crainte[2] et deffiance
Quon ne face quelque[3] neufve aliance
Ce qui me fait den[4] parler esmouvoir
    Jen suis en doubte

---

350 R. — 1. vous compter. — 2. Jay souspeçon grant crainte. — 3. ne me face une.
— 4. Cest ce quil faict mon.

LXXV

Je la voys veoir la parfaicte du monde
Celle qui na premiere ne seconde
Dont la valleur est si fort estimee
Quelle passe de[1] bonne renommee
Toutes autres[2] ou hault scavoir redonde

Ces grans vertus[3] son sens et sa faconde
La font nommer a cent lieux a la ronde
Celle qui est de toutes gens aymee
      Je la voys veoir
Et sil est nul qui die ou qui responde
Au contraire[4] du pris ou je me fonde
Je diz que mal a sa bonte sommee
Dont a bon droit parfaicte lay nommee
Comme celle[5] ou tout honneur habonde
      Je la voys veoir

---

350 R. — 1. Que sa vertu et. — 2. Passe tout oultre. — 3. Ses bonnes meurs. —
4. Riens au rebours. — 5. Comme la Dame.

LXXVI

La congnoissance me sera[1] heritaige
Car tant ay veu de sens et davantaige
Des biens[2], dhonneur, de grace et de scavoir
Autour de vous que jamais pour tout veoir
Oublience men sera le[3] partaige

Rien ne regrete[4] fors avoir vescu laage
De tant de jours loing dun tel personnaige
Que chascun ayme et desire davoir[5]
    La congnoissance
De moy aurez le cueur le[6] corps en gaige
Jusques au mourir sans user de langaige
Dont je vous vueille ung seul brin decevoir
Et quant ores[7] je ne vous pourray veoir
Si demoura tousjours a[8] mon couraige
    La congnoissance

---

350 R. — 1. ay pris pour. — 2. De bien. — 3. Ja nen sera oubliance. — 4. Je nay regret. — 5. a avoir. — 6. et. — 7. Et ores quant. — 8. Ne changera pour cela.

LXXVII

Il ne me tient de chanter ne de rire
Je nay pouvoir ne voulente de dire
Chose pourquoy nul resjouyr se [1] doye
Car pas ne mest ainsi que je cuidoye
Na pas longtemps il y a trop a dire

Fortune voy qui me veult [2] desconfire
Je [3] ne luy say tant soit peu contredire
A vostre advis doy je mener grant joye
      Il ne men tient
Je ne doy riens fors ma vie mauldire
Car par ma foy jay tant dennuy [4] et dire
Que seulement jay honte quon me voye
Or pensez doncques comment je changeroye [5]
En bonne foy je nay vaine qui tire
      Il ne men tient

---

350 R. — 1. parquoy nul resjouyr je. — 2. vient. — 3. Et. — 4. Car en mon cueur jay tant dhorreur. — 5. comme je chanteroye.

LXXVIII [1]

Cest laymant qui tous les cueurs atire
A qui nulle en doulceur ne retire
Donneur la garde de beaulte loultrepris
Cest en effect ung chief deuvre compris
De parfaitz biens ou toute vertu tire

Cest tout le bruit dun royaume ou empire
Lalegement dun amoureux martire
Ce dit chascun en luy donnant le pris
        Cest laymant
Eureux seroit ainsi le puis je dire
Voire le plus que lon pourroit eslire
Qui delle auroit lacointance a bon pris
Et bien seroit des meilleurs appris
Quelle aymeroit sans de riens contredire
        Cest laymant

---

1. Ce Rondeau ne se trouve pas dans les 350 R.

TOVT PAR RAISON RAISON PAR TOVT PARTOVT RAISON

LXXIX

Respondez moy les peines et travaulx
Les [1] grans ennuys et les rudes assaulx
Que jay souffert a [2] si grant habondance
Pour vous aymer plus que femme de France
Feront ilz point qualegerez mes maulx

Ja nest besoing que je face les [3] saulx
Vous congnoissez ce que je say et vaux
Voulez vous point me faire recompance
    Respondez moy

Je ne suis point des traistres [4] desloyaulx
Qui vont querant dacointer gens [5] nouveaulx
De vous seule jay aime [6] la cointance
Depuis le temps de votre jeune enfance
Vous ay je fait ung tour lache ne faulx
    Respondez moy

---

350 n. — 1. De. — 2. en. — 3. grans. — 4. amans. — 5. faire traictez. — 6. De vous
sans plus jay saisi.

7

LXXX

En toutes choses faut il commancement
Vous mavez fait congnoistre clerement
Que vous voulez de mon amour deffaire
Il men desplaist et si ny[1] say que faire
Car ce nest pas de mon consentement

A trop grant trot me traictez rudement
Veu que jay mys cueur corps entendement
Pour vous vouloir obeyr et complaire
    En toutes choses
Se ne craingnoye vous faire fachemens[2]
Je parleroye a vous plus longuement
Mais je vous[3] dy avant que de me taire
Que vous navez parent amy ne frere
Qui vous voulsist servir plus loyaument
    En toutes choses

---

350 R. — 1. ne. — 2. fantasmant. — 3. Mais bien vous.

PAR RAISON RAISON PAR TOVT PARTOVT TOVT RAISON

LXXXI

Depuis ung peu jay une[1] amour nouvelle
Qui ma ataint par dedans la servelle
Si tres avant que je[2] pers contenance
Car sans cesser jay en ma souvenance
Les parfaitz biens et grans valleurs d'icelle

Et qui est saige jeune en bon point[3] et belle
Et pour cela que je la congnois telle
Je layme plus que toutes ceulx de France
      Depuis ung peu
Comme subgect et vray esclave delle
Servir la vueil, voire en toute querelle
De corps et[4] tant que jauray puissance
Elle a de moy bon gaige en asseurance
Jay mis mon cueur en sa garde et tutelle
      Depuis ung peu

---

350 R . — 1. ung. — 2. jen. — 3. Tres saige elle est en bon point. gente. — 4. De corps et biens.

LXXXII [1]

Vos yeulx voz manieres voz pas
Monstrent bien que ne voullez pas
Que jamais de vous je m'approuche
Combien que vostre sans reprouche
Me suis donne jusques au trespas

De mort bref passeray le pas
Sans avoir nul meilleur repas
Ce bel acueil en ce ne touche
      Vos yeulx
Helas amour bien me trompas
Quant d'icelle mon cueur frapas
Pour qui en telle douleur couche
Pour Dieu ma Dame si ma bouche
Dit mal pugnye soit de ce cas
      Voz yeulx

---

1. Ce Rondeau ne se trouve pas dans les 380 R.

PAR RAISON RAISON PAR TOVT TOVT RAISON PARTOVT

LXXXIII [1]

Hors de propos de raison separe
Loing de bon sens de joye desempare
Triste et pensif eslongne desperance
Ayant perdu de tous biens congnoissance
Voyant ung autre de mon bonheur pare

Jay le meffait sans cause compare
Dont Troillus (2) puis estre compare
Comme celluy qui est sans contenance
      Hors de propos
Veu le grief mal que lon ma prepare
Et quamours ma de si tres pres pare
Cent foys le jour tumbe en desesperance
Ma Dame veult pour sa seulle plaisance
Que je demeure comme ung homme esgare
      Hors de propos

---

1. Ce Rondeau ne se trouve pas dans les 350 R.

(2) Troïlus, fils de Priam et d'Hécube. — Les destins avaient arrêté que, tant qu'il vivrait, Troie ne pourrait être prise : cependant il osa témérairement attaquer Achille et fut tué par le héros.

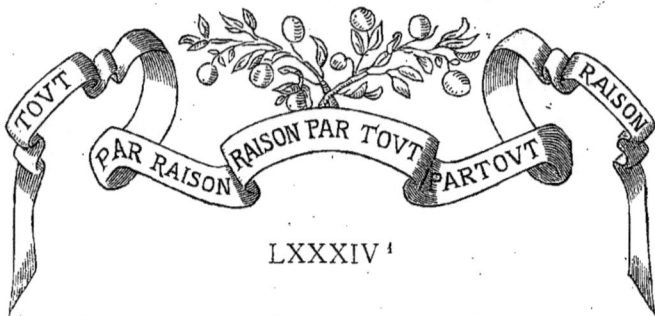

LXXXIV[1]

Je laymeray sans ailleurs entreprendre
Celle ou len peut tant de valloir aprendre
Celle pour vray qui tant scet et tant vault
Celle ou ny a ung seul brin de deffault
Car Dieu la fit pour tous biens y comprendre

A la hanter riens ny fait a reprendre
En faiz en dictz se garde de mesprendre
Servir la vueil si mon pouvoir ne fault
    Je laymeray
Sa grand valleur me fait a elle rendre
Son doulx acueil garde dailleurs entendre
Ses bonnes meurs la font louer si hault
Que de nulle fors delle ne me chault
Tant que le cueur et corps pouront estendre
    Je laymeray

---

1. Ce Rondeau ne se trouve pas dans les 350 R.

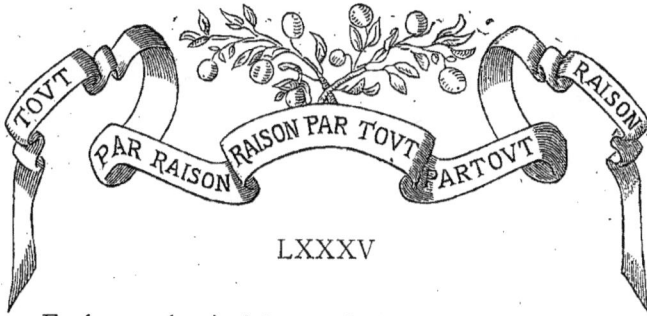

LXXXV

En bonne foy je fais tout le contraire
Touchant amours de ce que je veulx [1] faire
Car la femme vivante soubz les cieulx [2]
Que jayme plus et que jestime [3] mieulx
Prent son plaisir du tout a me desplaire [4]

Mon ennemye mortelle se [5] declaire
Et si ne puis de laymer me retraire
Dont je languis en penser ennuyeulx
        En bonne foy
A [6] jen mourray la chose est toute clere
Car elle ma tire pour me deffaire
Mille fleches [7] du regard de ses yeulx
Qui ont faulce mon cueur en tant de lieux
Que den guerir [8] jauroys par trop daffaire
        En bonne foy

---

350 R. — 1. je vueil. — 2. Et quil soit vray celle dessoubz tes yeulx. — 3. que estime. — 4. deffaire. — 5. Mon ennemye a grant tort si. — 6. Ha. — 7. Mille faulx traictz. — 8. denquerir.

LXXXVI

Quen dittes vous de ces folz amoureulx
Qui sans cesser sont tristes douloureulx
Tous mal contans car nul ne sen contente
Ilz ne perdent[1] seulement que latente
Destre meschans cocquins et maleureulx

Devant leurs Dames sont craintifs et poureulx[2]
Et ont acquis sans plus se mal pour eulx
Ennuy soucy ont tous les jours de rente[3]
   Quen dictes vous
Ils sont fascheulx pensifz et langoureulx
Car entre cent nen est ung si eureulx[4]
Qui parvienne du tout[5] a son entente
Et le surplus a lœil on leur presente
Force regretz plains de deul[6] planteureulx
   Quen dictes vous

---

850 R. — 1. Ils nont perdu. — 2. ils se monstrent paouremx. — 3. Dueil et soulcy
tous les jours ont de rente. — 4. heureux. — 5. Qui de tous poinct parvienne. —
6. pleins dennuyt.

PAR RAISON RAISON PAR TOVT PARTOVT TOVT RAISON

LXXXVII

Quant je vous vy [1] si belle et triumphante
Si gorsiale [2] et si tres avenante
Mon cueur devint [3] tout pensif a par soy
Et si me dist mon amy scay tu quoy
Advise bien voycy chose excellante

Alors mes yeulx par curieuse entente
Incessanment des fois plus de cinquante [4]
Aloyent vers vous sans reigle ne sans loy [5]
  Quant je vous vy [6]
Et se danger ne meust tins en sa tente
Ou mon desir qui [7] si fort me tourmente
Jeusse parle ainsi comme je doy
Mais je devins si surprins en [8] ma foy
Que de riens dire je neuz cause [9] apparente
  Quant je vous vy [10]

---

350 R.— 1. Voy. — 2. gorgiale — 3. devient. — 4. Incessanment en peine vehemente. —
5. mesure. — 6. Voy. — 7. que. — 8. a. — 9. Qua dire rien je neuz chose. — 1r. Voy.

LXXXVIII[1]

Sil se peut faire que jaquiere
Par requeste ou humble priere
Vostre amour que tant je desire
Que perdez vous a le me dire
Sans estre envers moy si tres fiere

Veu que votre riant maniere
Damours me donne assez matiere
Vous ne me devez esconduire.
     Sil se peut faire
Mais si vous estes coustumiere
De faire a tous semblable chere
Sans quil leur amende nempire
Je ne tiens compte dainsi rire
Qui ne fait plus fort en derriere
     Sil se peut faire

---

1. Ce Rondeau ne se trouve pas dans les 350 fl

LXXXIX [1]

A vous sen vont mes regrez et mes plainctes
Mes pensees qui sont de douleur tainctes
Mon esperance et tout mon souvenir
Desir ne fait que aller ne que venir
Pour vous compter mes dolentes complainctes

Voz grans valeurs sont dans mon cueur empraintes
Et si en ay la peine et les estrainctes
Qui mon contraint a mercy revenir
   A vous
Si vous supply et requiers a mains joinctes
Sans plus user envers moy de contrainctes
Que me vueillez pour vostre retenir
Car si ce bien me pouvoit advenir
Le cueur et corps de moy auriez sans fainctes
   A vous

---

1. Ce Rondeau ne se trouve pas dans les 350 R.

TOVT PAR RAISON RAISON PAR TOVT PARTOVT RAISON

LXL

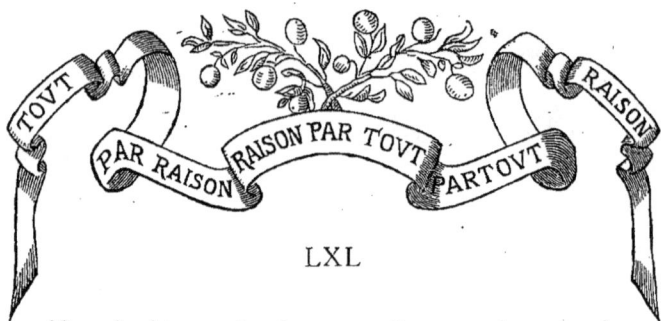

Nen doubtez point je ne vueil que sa[1] grace
De la Dame qui[2] le surplus efface
De toutes ceulx qui sont au monde en[3] vie
Car en effect elle est si[4] assouvie
Que sa valleur toutes les autres passe

Quant sa beaulte et vertu[5] je compasse
Son doulx parler aussi sa bonne[6] audasse
Cela me fait de son amour[7] envie
      Nen doubtez point
De la louer ma langue nest pas lasse
Mais vouldrois[8] bien que souvent jen parlasse
Car de mon cueur elle sera servie
Jusques a ce que par mort je desvie
Sans que jamais nulle autre je pourchasse
      Nen doubtez point

---

350 R. — 1. la. — 2. De celle la que. — 3. En los et pris des Dames qui ont. — 4. Car entre toutes elle est tant. — 5. et bonte. — 6. sa maniere et. — 7. de bien laymer. — 8. vouldroit.

TOVT PAR RAISON RAISON PAR TOVT PARTOVT RAISON

LXLI[1]

Cest temps perdu de servir sans congnoistre
Se le service du servant plaist au maistre
Pour ce Madame dictes moy que je face
Pour acquerir votre tres bonne grace
Ainsi pourrez vous mon bon vouloir congnoistre

En vous servant mon honneur peut acroistre
Mais se je sers sans en votre grace estre
Ja namendray au bien que je pourchasse
   Cest temps perdu
Si vous voulez voz servans mescongnoistre
Vous faictes bien povres amoureux paistre
Qui vous jugent doulce a vostre face
Vostre rigueur toute pitie efface
Quant pour servir le loyer ne peut croistre
   Cest temps perdu

---

1. Ce Rondeau ne se trouve pas dans les 330 R.

PAR RAISON RAISON PAR TOVT PARTOVT TOVT RAISON

LXLII [1]

Pour la doubte de faillir ou mesprendre
Ou qua la fin men deust quelque mal prendre
Se mon deffault ne se povoit couvrir
A ma Dame je nose descouvrir
Ce que me fait ma folie entreprendre

Or ne scay je selle me veult surprendre
Car puis me rit puis se mect a reprendre
Rien ne men peut lentendement ouvrir
     Pour la doubte
De la prier mest simplesse y entendre
Celer mon deul mest briefve mort actendre
Et si me fault lun des deux encourir
Lun me guerist lautre me fait mourir
Et nose dire auquel je vueil pretendre
     Pour la doubte

---

1. Ce Rondeau ne se trouve pas dans les 350 R.

Jay tant ayme que riens plus naymeray
Ou quant ne quoy cela ne nommeray
Mais dire puis. Voire sans blasmer ame
Que jay servy si tres parfaicte Dame
Que de telle jamais ne trouveray

Avecques maintes le temps je passeray
Mais que jen ayme aucune ne feray
Je quicte amours je le prens sur mon ame
         Jay tant ayme
De plus faire et dire cesseray
Doresnavant en mon cas penseray
Plus je ne veulx acointer jamais femme
Et suis content que me tenez infame
Se ne trouvez ce que je vous dy vray
         Jay tant ayme

---

1. Ce Rondeau ne se trouve pas dans les 350 R.

PAR RAISON RAISON PAR TOVT PARTOVT TOVT RAISON

LXLIV[1]

Loing de plaisir et pres de desplaisance
Doresnavant feray ma demourance
Car desespoir fait chez moy sa demeure
Parquoy force est que incesanment labeure
Mon povre cueur de toute sa puissance

Helas je pers du tout mon esperance
Qui me contraint de prendre en recompence
Delle jamais sans meslongner une heure
        Loing de plaisir
Chascun me dit prenez en pacience
Mais je ne puis car je nay pas science
Quant je ne voy ame qui me sequeure
Le cueur mestraint tant quil fault que je pleure
Et si nen puys avoir autre allegeance
        Loing de plaisir

---

1. Ce Rondeau ne se trouve pas dans les 350 R.

LXLV[1]

La peur que jay me tient en crainte
Tant que ma joye est toute estaincte
Et mon cueur tout vestu de noir
Point nen est qui sceust recevoir
Le mal que sens sans faire plaincte

Ce que je dy ce nest pas faincte
Car je sens ma pensee actainte
Dun mal qui me fait esmouvoir
     La peur que jay
Je souffre de la douleur mainte
Pour ce que suis trop peu acoincte
De ceulx qui me la font avoir
Mais si leur plairait assavoir
Je leur diroye et sans contraincte
     La peur que jay

---

1. Ce Rondeau ne se trouve pas dans les 350 R.

LXLVI

Quant il luy plaist desployer son savoir
Lon peut a cler bien entendre [1] et savoir
Au moins sil est question de bien dire
Que nul ne peut son langaige desdire
Tant se sceust il de respondre [2] pourvoir

Sa bonne grace vault mieulx que nul [3] avoir
Mais nul ny peut grant seurte avoir
Car trop bien scait atraire ou escondire
     Quant il luy plaist
Soit au congie ou soit au recevoir
Envers chascun fait si bien son devoir
Quil nest vivant qui delle sceust mesdire
Honneste a tous sans avoir tache dire [4]
Et au seurplus elle se fait bien veoir
     Quant il luy plaist

3"0 R. — 1. au cler bien congnoistre. — 2 Tant se lent il de responces — 3 est ung tres riche. — 4. dyre.

LXLVII [1]

Ennuyt en lieu de repposer
Je me suis [mis] a composer
Les rudes et estranges tours
Quon ma fait en lieu de secours
Mais je ny ay riens sceu gloser

En estant en ce deviser
Raison mest venu adviser
De folyes quon fait par amours
  Ennuyt
Parquoy jay voulu proposer
De jamais ne my abuser
Ma maladie a prins son cours
Je ny vueil plus user mes jours
Mon cueur cest prins a appaiser
  Ennuyt

1. Ce Rondeau ne se trouve pas dans les 300 R.

LXLVIII

Je mabuse se je ny remedye
Car plus avant a mon cas[1] jestudie
Et moins je puis riens apprendre ou savoir
A congnoistre[2] celle qui recevoir
Fait à mon cueur si griesve maladie

Sa voulente est couverte et tandie
De doulx parler et daudace hardye
Je ne sauroye son fait apparcevoir
      Je mabuse
Jay dy penser la teste[3] estourdie
Et suis fourre en ceste grant folye
Si tres avant que ne men puis[4] ravoir
Tousjours poursuis cuidant bien en avoir
Comme ces foulx qui souffle lArquimye[5]
      Je mabuse

---

330 R — 1. a mon mal. — 2. A bien congnoistre. — 3. Jay la teste dy penser. —
4. que ne puis. — 5. Comme ces folz qui soufflent larquemye.

TOVT PAR RAISON RAISON PAR TOVT RAISON PARTOVT

LXLIX

A tous propos ou je puisse venir
Jay en[1] mon cueur ung secret souvenir
Qui de rire[2] me fait bien retirer
Et ne scaroit ma douleur empirer
Pour aultre mal qui me peust advenir

Se ma plaincte veil en moy[3] retenir
Mile regres vecy[4] tost revenir
Qui me font lors[5] sans cesse souppirer
      A tous propos
Pour me faire en tel meschief tenir
Et en langueur ma vie[6] maintenir
Vostre regard vint[7] mes yeulx atirer
Qui aux vostres sen allerent[8] mirer
Dont il me fault tant de maulx soustenir
      A tous propos

---

350 R — 1. a. — 2. de plaisir. — 3. Sen moy je vueil ma plainte. — 4. voyci. —
5. Qui lors me font. — 6. Ma vie aussi en langueur. — 7. vient. — 8. Qui sont allez
aux vostres se.

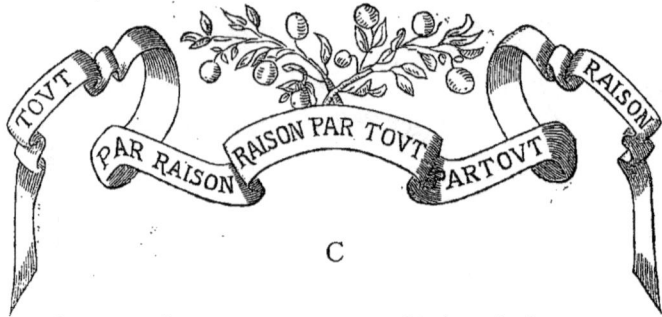

C

A si grand tort vous mavez prins[1] en haine
Moy qui ay mis par tant de jours la paine
De vous servir complaire et obayr
Je ne me puis assez fort esbayr
Quelle occasion[2] a ce faire vous maine

Seriez vous bien si legere[3] et soudaine
A lapetit dune langue mondaine
Par faulx rapport mestranger[4] et hayr
      A si grand tort
Vous qui estes de grans valleurs tant[5] plaine
Ne croyez pas sans en estre certaine
Que jaye voulu vous tromper ne[6] trahir
Si jay riens fait pour vous desobayr
Dictes le moy sans me tenir en jehayne
      A si grand tort

---

350 R — 1. pris — 2. raison. — 3. legiere. — 4. mestrangier.— 5. Veu que
dhonneur et valeur estes. — 6. Quaye voulu vous tromper et.

TOVT RAISON

PAR RAISON RAISON PAR TOVT PARTOVT

CI

A tout prendre [1] sans que riens y deffaille
Grace beaulte en bon point belle taille
Toute valleur est en vous bien comprise
Et si estes de vertus tant [2] esprise
Quendroit navez dont louenge y ne faille

Cest a bon droit si mon cueur se travaille
De vous servir sans que dautre luy chaille
Car vous estes [3] des parfaictes lexquise
      A tout prendre [4]
Se je vous faulx au besoing Dieu me faille
Mais soustiendray en quelque lieu que jaille
Quen tous endroys ou que vous soyes mise
Soit nue [5] vestue en quote ou en chemise
Quil nest femme vivante [6] qui vous vaille
      A tout prendre [7]

---

350 R — 1. A prendre tout. — 2. Et de vertus estes si fort. — 3. Car on vous
tient. — 4. A prendre tout. — 5. Nue. — 6. Qui ni a femme au monde — 7. A prendre
tout

TOVT PAR RAISON RAISON PAR TOVT PARTOVT RAISON

CII[1]

Fors la Dame tant regretee
Tant aymee et tant souhetee
Quil nen fut jamais point de plus
Jabandonne tout le surplus
Et quicte pour une toutee

Celle doit estre exaltee
Et en hystoire relatee
En mectant a part loutreplus
                    Fors la Dame
Entre les bonnes racontee
Doit estre et du nombre comptee
Des parfaictes par quoy conclus
Plustost estre hermite ou reclus
Que nulle soit de moi hantee
                    Fors la Dame

---

1. Ce Rondeau ne se trouve pas dans les :139 R.

TOVT PAR RAISON RAISON PAR TOVT PARTOVT RAISON

CIII

Plus que jamais jay douleur aspre et forte
Que[1] celle la devant mes yeulx apporte
Que hayr veulx[2] et daimer suis contraint
Tant plus la fouys et de plus pres mataint
Lors en moy naist que je la treuve[3] morte

Quant ses valleurs[4] on me dit ou rapporte
Se mest plaisir qui[5] trop me desconforte
Car jay le cueur alors damour estraint
   Plus que jamais
Je suys mene de[6] si diverse sorte
Que je nay plus vertu qui me supporte
Tous remeddes elle courront[7] et vaint
Souvent se rit quant ma bouche se plaint
A son vouloir me conduit et[8] transporte
   Plus que jamais

---

350 R — 1. Qui. — 2. Que vueil hayr. — 3. quant je la cuyde. — 4. a valeur. — 5. que. — 6. Elle me meine en. — 7. Tout mon remede elle corrompt. — 8. Voila comment a son gré me.

CIV[1]

Je suis tout sien a celle qui tant vault
Dont les vertus et les biens vont si hault
Qui nest engin tant soit de haulte touche
Qui sceust sousfire par escript ou de bouche
Donner les los ne lonneur qui luy fault

Pour le bon bruit qui de sa valleur sault
Servir la vueil se mon povoir ny fault
Comme Dame sans sy et sans reprouche
  Je suis tout sien
Cest celle en qui loyaulte ne deffault
Celle par qui des autres ne me chault
Cest le desir qui de plus pres me touche
En ses papiers nul autre ne me couche
Toutes qui vivent ne me font froit ne chault
  Je suis tout sien

---

1. Ce Rondeau ne se trouve pas dans les 350 R.

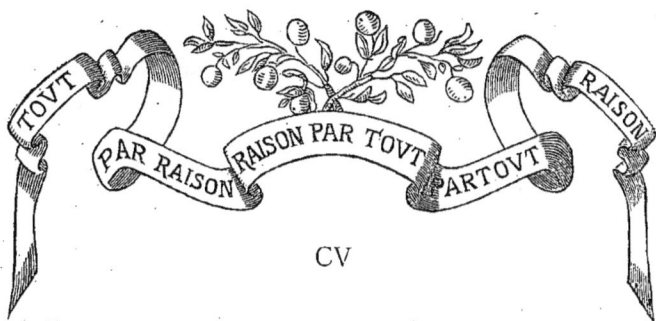

CV

De vous aymer maintenant ne [1] fault plaindre
Et nen puys plus ma pensee retraindre
Quon ne congnoisse tous les jours [2] clerement
Que dueil me tient qui me fait du torment
Car bonne amour a peine se peut faindre

Las jay voulu moy mesme trop mactaindre
Et en mon cueur par trop fort vous comprendre [3]
Oster nen puis mon povre entendement
        De vous aymer
Certainement cest folie moult a craindre
De despriser ce quamour veut contraindre
Car amour prent les plus saiges souvent
Or elle ma prinse [4] pour aymer loyaument
Ma voulente je nen sauroye refraindre [5]
        De vous aymer

---

350 R — 1. nie. — 2. congnoisse a me voir. — 3. empraindre. — 4. Or suis je prins. — 5. ne scauroye restraindre.

PAR RAISON RAISON PAR TOVT PARTOVT TOVT RAISON

CVI[1]

Je layme tant quautre bien ne pourchasse
Et de le veoir jamais ne sereoye lasse
Car son amour en tous lieulx je poursuys
Qui quen parle par mesdire ou envys
Il ne men chault mais que soye en sa grace

Souvent le veoir cest cela que je chasse
Et ne fault ja que excuse je vous face
Car je y pense de jour aussi de nuys
      Je layme
Vous savez bien quamours qui tous sens passe
Chasse raison des lieux ou el samasse
Car qui bien ayme na pas tousjours advis
A ce quil fait tant sont les sens ravys
Parquoy je dy sans en craindre menace
      Je layme

---

1. Ce Rondeau ne se trouve pas dans les 350 R

CVII

Qui feust[1] ainsi et assez me seroit
Car a jamais trop mieulx y[2] men iroit
De plus grans biens je ne vueil la cointance
Pour me donner entiere suffisance
Jentends au moins autant quil dureroit

Je le souete et le quiers[3] a bon droit
Car nul autre avoir ne le pourroit
Que je neusse[4] trop grande desplaisance
      Qui feust ainsi
Cest ung tel bien qui si bon me seroit
Si je lavoys riens mieulx ne mamendroit[5]
Je ne quiers chose ou autres ayent[6] puissance
Et si chascun scavoit se que jen pense
Je croy que a peu de gens en desplairoit
      Qui feust ainsi

---

350 R - 1. Quil fust. — 2. il. — 3. requiers. — 4. Que neusse en moy.
5. — inadviendroit. — 6. ou nulle aultre.

TOVT PAR RAISON RAISON PAR TOVT PARTOVT RAISON

CVIII[1]

Belle et parfaicte se pitie feust en elle
Mais quoy rigueur la fait demourer telle
Que de mon mal peu ou rien ne luy chault
Et toutesfoys elle scet bien qui fault
Que layme tant voyre et non autre quelle

Jay doulx traveil avecques joye mortelle
Riant soucy et plaisance rebelle
Tout pour une laquelle est sans deffault
      Belle et parfaicte
Espoir me fait poursuyvre ma querelle
Doubte me dit que plus nen est nouvelle
Reffus ma mis hors du roule en deffault
Et puis pitie au bon besoing me fault
Vela comment je suis traicte de celle
      Belle et parfaicte

. — Ce Rondeau ne se trouve pas dans les 350 lt.

TOVT RAISON
PAR RAISON RAISON PAR TOVT PARTOVT

CIX[1]

Misericorde au pouvre douloureux
Ayme de dueil et despoir langoureux
Tenant les rens en lamoureuse queste
Lequel ne peust par priere ou requeste
Vaincre reffus le faulx et rigoureux

La valleur dune le fait avantureux
Mais au pourchas cest trouve maleureux
Dont va criant sans cesse a plaine teste
      Misericorde
Et se pitie par moyen doulceureux
Nestaint son mal qui est trop dangereux
La mort fera de bref sur luy conqueste
Ja ne convient de ce faire aultre enqueste
Car sen est fait sil ne treuve entre deux
      Misericorde

---

1. — Ce Rondeau ne se trouve pas dans les 350 R.

CX

Autant ou plus et il vous doit suffire
Mais que jamais ny trouvez que redire
Dun tout seul point fors qua votre avantaige
Et pour ce faire mectz mon cueur [1] en hostaige
Qui pour mourir ne sent vouldroit desdire

Se vous ne tient envye ne nous peult [2] nuyre
Pour rapporter pour flater pour mesdire
Car je suis votre [3] comme par heritaige
      Autant ou plus
Parquoy jamais ne vous vueil contredire
Ne faire chose ou trouvez rien a dire
Mais je vous prie soyons tous dun couraige
Sans varier ne vouloir ne langaige
Car de tous poins par vous me vueil conduire
      Autant ou plus

---

350 R. — 1. ce faict mon cueur metz. — 2. Sen vous ne tient nul ne nous pourra.
— 3. Car vostre suis.

CXI

Pourtant Madame quoy que len vous[1] raporte
Ne regardez[2] au couleurs que je porte
Car bien souvent pour mon mal faindre[3] mieulx
Je fay semblant destre gay et[4] joyeulx
La ou je vis[5] en douleur aspre et forte

En tous les lieux la ou je me transporte
Je vois disant que joye[6] mon cueur supporte
Mais il est triste et melencolieux
        Pourtant

Je mabille souvent[7] de mainte sorte
Et pour cela mon piteux [cas][8] jasorte
Au sepulcre quon voit devant ses[9] yeulx
Dehors dore et pare en tous lieux
Mais audedans est la personne morte
        Pourtant

350 R.— 1. en rien quon vous. — 2. Ne prenez garde. — 3. prendre. — 4. destre
tres fort. — 5. Ou je languis. — 6. disant plaisir. — 7. Je suis souvent vestu. —
8. piteux cas. — 9. Et ung sepulchre estant devant les.

TOVT PAR RAISON RAISON PAR TOVT PARTOVT RAISON

CXII [1]

Pour contrefaire lamoureux
Je faiz ainsi le douloureux
Que ceulx qui sont en grant chaleur
Sy nen ay je mal ne douleur
De quoy je men tien bien eureux

Mais jentretiens les malheureux
Qui seuffrent les maulx rigoureux
Et change souvent de couleurs
     Pour contrefaire
Devant jaloux fay le poureulx
Et nen laisse a faire pour eulx
Chose qui me tourne a valeur
Au moins sil me survient malheur
Que je vive en paix entour eulx
     Pour contrefaire

1. — Ce Rondeau ne se trouve pas dans les 350 R.

CXIII

Mort ou mercy en languissant jactens
Mais congnoissant quen vain je pers[1] mon temps
Desespoir veult me conseille et enhorte[2]
De quicter tout mais lamour est si forte
Que mes espriz nen peuvent estre contens

Helas amye tu scez[3] ou je pretens
Si te supply à la[4] clameur entens
De mon las cueur lequel crie a ta porte
    Mort ou mercy
Sil a bien fait et loyal tu le sens
Donne luy grace[5] quil ne trouble son sens
Par ta rigueur[6] qui souvent le transporte
Et sil est faulx, faiz[7] que la mort lemporte
Car lun des deux il veult pour tous presens
    Mort ou mercy

---

350 R — 1. Moy congnoissant quenvers vous perds. — 2. Jay ung vouloir qui tout souhdain menhorte. — 3. Tu congnois bien la fin. — 4. ma. — 5. Grace luy fais. — 6. Par desespoir — 7. Sil a mal faict sans.

TOVT PAR RAISON RAISON PAR TOVT PARTOVT RAISON

CXIV [1]

Pour le present pensant au faict damours
Je suis trouble car jay congneu tousjours
Que loyaulte na point de recompense
Et que les faulx obtiennent la dispense
Davoir le fruict qui en vient tous les jours

Cueur feminin se mue et prend son cours
Comme la Lune estant en son decours
Conclusion cest toute pestilence
      Pour le present
Ennuyt ayme demain estre au rebours
Vous trouverez si vous contez les tours
Que le pourchatz ne vault pas despense
Car vous veoiez que a lheure que lon pense
Estre en la ville on nest pas aux faulxbourgs
      Pour le present

---

1. Ce Rondeau ne se trouve pas dans les 350 R.

CXV

Plus tost que tard ung amant sil est saige
Doibt a sa Dame en petit de langaige
Dire son cas et puys quil [1] apperçoit
Quil perde temps et son œil le deçoit
Quicte tout la, cherche ailleurs advantaige

Car sur ma foy ce nest pas petit gaige
Que de bouter sens et corps pour ostaige [2]
Pour endurer les maulx quon [3] y reçoit
        Plus tost que tard
Mais sil congnoist que sa Dame ait couraige
De luy oster celle [4] douleur et raige
Quon son la cueur pour son amour [5] conçoit
Cueur corps et biens alors comme quil soit
Offrir luy doibt et bailler [6] en ostaige
        Plus tost que tard

---

350 R. — 1. sil. — 2. cueur et corps en servaige. — 3. quon y. — 4. ceste. —
5. Que son las cueur pour son amy. — 6. Donner luy doibt son amour.

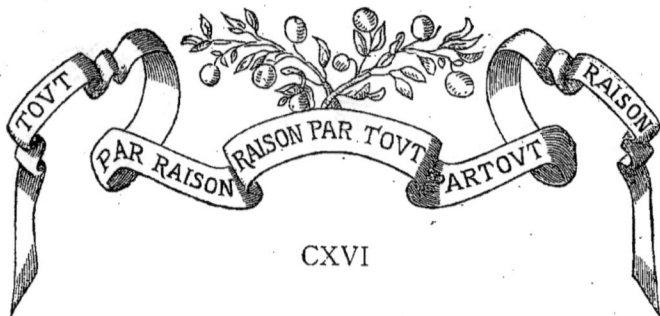

Si fort que moy nulle ne se doibt plaindre
Car jay voulu a[1] force me contraindre
De tous laisser pour ung tout seul[2] aymer
Qui trop me veult maintenant diffamer
Et si ne puys de laymer me refraindre[3]

Dune[4] hayr une fois le veis faindre
Que maintenant sur toutes il veult craindre
Et vouldroit myeulx[5] mourir que la blasmer
    Si fort que moy
Lamour de luy me brusle sans destaindre[6]
Et si ne puys ne ne men veulx restraindre[7]
Et il ayme[8] dont jay maint goust amer
Autre que moy que pas ne veulx[9] nommer
Quoncques amour au cueur ne peut ataindre[10]
    Si fort que moy

---

350 R. — 1. par. — 2. ung seul homme. — 3. retraindre. — 4. Donc. — 5. Et mieulx vouldroit. — 6 refraindre. — 7. Dung aspre feu que ne scauroys estaindre. — 8. Et il poursuit. — 9. que je ne vueil. — 10. Quoncques amours ne sceust au cueur estaindre.

CXVII

Cueur endurcy plus que la roche bise
Vent expirant pire que nort ou bise [1]
De grief reffus tant orgueilleux et fier
Nest il moyen [2] de te molifier
Par tel façon que grace en feust [3] acquise

O que les [4] Dieux ont mal ta place quise
De te loger en maison si exquise
Pour en vertu tant te glorifier
   Cueur endurcy
Considere que sans coup de main mise
Je fuz navre dune oillade transmise
De ton hostel qui me vint deffier
Il te plaira mon mal pacifier
En me donnant grace que jay requise
   Cueur endurcy

---

350 R. — 1. que noire bise. — 2. Est il possible. — 3. moyen que grace en soi —
4. Ou les.

CXVIII[1]

Plus que jamais non obstant ton reffus
Je taymeray. Car oncques je ne fus
Dautre propos. Bien me peuz escondire
Mon amour certes ne scaurois interdire
Car poursuyvray sans me monstrer confus

Or congnoissant que fortz chasteaux batus
Du premier coup ne sont pas abatus
Jay propose mon piteux cas te dire
      Plus que jamais
Si te supply sans te rescripre plus
Que de mercy je ne soye forclus
Car desespoir male mort me conspire
Mais raison veult que lamente et souspire
Grace actendant ainsy daymer conclus
      Plus que jamais

---

1. Ce Rondeau ne se trouve pas dans les 33) R.

CXIX

Ta faulcete et peu damour [1] quon voit
De jour en jour [2] mon cueur sil la parsoit
Que tu me trompes jen ay la [3] congnoissance
Et en ma vie je ne te feiz [4] offence
Courouce [5] seroys qui ainsi te feroit

Et toutes fois garder on ne sauroit
Que je ne tayme soit a tort ou a [6] droit
Dont mal me rens qui [7] trop me fait nuysance
      Ta faulcete

Or par ta foy qui te demanderoit
Si loyaute a eue en mon endroit
Et si tu nas daultruy prins [8] acointance
Fors que de moy quant je suys en absence
Ne dy ja non car on te prouveroit [9]
      Ta faulcete

---

350 R. — 1. et peu davoir. — 2. et nuit. — 3. ainsi quay. — 4. Et en nul temps
je ne lay faict. — 5. Cource. — 6. tayme a tort et a bon. — 7. Donc mal me vueil qui
— 8. nas daultre pris l'. — 9. Ne dis pas non car prouve le seroit.

CXX [1]

I. ne mest plus car I. par trop este
Cest I que jay mieulx quil ne vault traicte
Pensant en luy des vertuz et du bien
Mais maintenant I me monstre tres bien
Quil est faulx traistre meschant I affaicte

Quant jay congneu sa grant meschancete
Hors de mon cueur je lay tout degecte
Et eslougne pour ce que I ne vault rien
   I ne mest plus

I ma tant fait de tours de lachete
Que jay trop cher son service achete
Par ses faulx tours et desloyal maintien
I eust mon cueur maintenant il est mien
Car je le quicte soit yver ou este
   I ne mest plus

---

1. Ce Rondeau ne se trouve pas dans les 380 R. imprimés au commencement du XVIᵉ siècle. Toutefois on ne laisse pas d'être frappé de la similarité d'inspiration entre celui que nous publions et celui des 380 intitulé : « Le Petit C » Feuillet IIII. Par l'ambiguité qui règne dans ces deux Rondeaux, le Poête semble s'être ingénié à se montrer le digne émule de son contemporain François Rabelais.

CXXI

Je le say bien dont grant dueil je reçoy
Que tu aymes[1] une autre plus que moy
Qui destre fine a bien la renommee
Aussi[2] tamour elle a bien allumee
En son endroit veu cela que jen[3] voy

Devant ton renc autre amy a requoy[4]
Elle avoit eu et encores a pour vroy[5]
Car son amour[6] tu nas pas entamee
    Je le say bien
Il me fait mal mon amy et men croy
Quon tabuse[7] je le prens sur ma foy
Mais de leger la chose bien amee
Nest mescrue[8] tant soit fort diffamee
Mais sans mentir[9] elle ayme autre que toy
    Je le say bien

---

330 R. — 1. Que ton cueur aime. — 2. Ainsi. — 3. je. — 4. reçoy — 5. a pourquoy.
6 La tienne amour. — 7. Te veoir mocquer. — 8. On me mescroit. — 9. Et toutes foys.

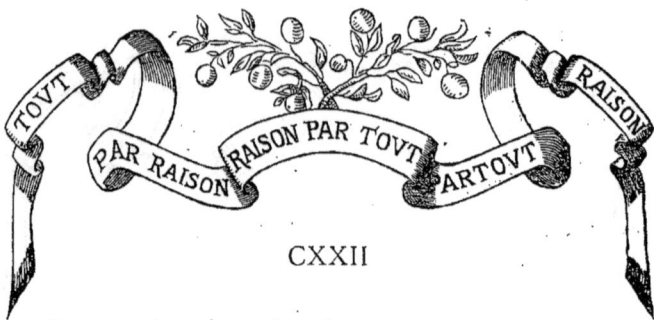

CXXII

De revenir as [1] tu plus desperance
Mandez [2] le moy sans tenir en souffrance
Mon povre cueur qui est tant triste et morne
Car jay grand peur quautre ne te suborne
Ou qua la longue me metz [3] en oubliance

Je tay voulu tant faire obeissance
Et en ma vie je ne te feiz [4] offense
Dont [5] par raison a ceste heure tajourne
    De revenir
Sy te supplye que ayes congnoissance
Quen ce monde na rien qui na [6] plaisance
Pour ce viens donc et plus si [7] ne sejourne
Le temps sen va qui jamais ne retourne
Helas amy croys moy et si tavence
    De revenir

350 R. — 1. nas. — 2. Mande. — 3. Ou par longtemps me mettre. — 4. Et ne te feis en mon vivant. — 5. Donc. — 6. Quau monde nest riens qui vaille. — 7. cy.

Brefve recollection des Rondeaulx

CONTENUS AU PRESENT VOLUME

Nota. — Les Rondeaux marqués d'un * sont ceux qui ne se trouvent point parmi « les troys cens cinquante Rondeaulx moult singuliers a tous propos... » imprimés au XVIe siècle.

F

H

I

J

S

T

V

Y

Cy fine la table de ce present volume.

OUVRAGES PUBLIÉS PAR LE MÊME AUTEUR

Robert d'Escoville. — Caen, le Blanc-Hardel, 1878, in-8°. Extrait des Mémoires de la Société des Antiquaires de Normandie. — *Tiré à petit nombre.*

Éloges des citoyens de la ville de Caën, par Jacques de Cahaignes. — Traduction d'un curieux. — Caen, le Blanc-Hardel, 1880, petit in-4° raisin, nombreuses Armoiries. — *Tiré à 225 exemplaires.*

Daniel Huet et Pierre-Daniel Huet, Hérauts d'Armes de l'Écurie du Roy. — Caen, le Blanc-Hardel, 1883, in-4°. Extrait du Bulletin de la Société des Antiquaires de Normandie. Reproduction d'une Charte. — *Tiré à 50 exemplaires.*

Notice historique sur la Châtellenie de St-Vaast. — Caen, E. Adeline, 1885, grand in-8°, 242 pages avec planches. — *Tiré à petit nombre.*

Petites scènes satiriques. Amours de Henri II et de Diane de Poitiers. — Paris. Édouard Rouveyre, 1885, in-8°. 2 Planches d'héliogravure. — *Tiré à 25 exemplaires.*

Prologue en vers pour l'ouverture du Théâtre de la comtesse de Faudoas. — Caen, E. Adeline, 1885, in-16. — *Tiré à petit nombre.*

Généalogie des Sires de Russy, de Gouberville et du Mesnil-au-Val. — Caen, Adeline, 1887, grand in-8°. — *Tiré à 50 exemplaires.*

Journal des fouilles de St-Vaast. Siège de 1356. — Caen, E. Valin, 1889, in-8°, avec un Album de planches, grand in-4° de 192 planches. — *Tiré à 100 exemplaires.*

Une collation chez Madame de Clamorgan. — Caen, A. Massif, 1890, in-8°. — *Tiré à 100 exemplaires.*

Maison de Malherbe à Caën. — Caen, E. Valin, 1891, grand in-4°. Planches et Ecussons. — *Tiré à 50 exemplaires.*

Composition des Ville, chastel et donjon de Cherbourg. — Caen, E. Valin, 1891, in-8°. — *Tiré à 50 exemplaires.*

Érection de la paroisse d'Éterville en un plain fief de haubert par Henry IV. — Caen, Henri Delesque, 1891, in-8°. Extrait du Bulletin de la Société des Antiquaires de Normandie. — *Tiré à 50 exemplaires.*

Généalogie des Sires de Russy, de Gouberville et du Mesnil-au-Val. — Notes complémentaires, Pièces justificatives, suivies du testament et de la correspondance de Gilles de Gouberville. Caen, typogr. Valin, 1892, in-8°. — *Tiré à 50 exemplaires.*

Mort du comte de Salberi, Orliens 1428. (Double pièce de vers d'après un Registre de comptes de la Seigneurie de Crosville, au Diocèse de Coutances.) — Caen, typogr. Ch. Valin, 1892, in-4°, 23 p., fac-similé. — *Tiré à 50 exemplaires.*

Succession de Gilles de Gouberville. — Caen, typogr. Ch. Valin, 1893, in-8°. — *Tiré à 50 exemplaires.*

Caen. — *Typographie-Lithographie Ch. VALIN*, 7 et 9, rue au Canu

www.ingramcontent.com/pod-product-compliance
Lightning Source LLC
Chambersburg PA
CBHW071758090426
42737CB00012B/1861